Ⓢ新潮新書

安西 巧
ANZAI Takumi

広島はすごい

672

新潮社

まえがき

街を走っているマツダのクルマを見て「カッコよくなったな」と思い始めたのは東日本大震災から1年ほど過ぎた頃だった。

首都高速を滑走するＳＵＶ（多目的スポーツ車）「ＣＸ－５」を初めて目の当たりにした時、「珍しくメインストリームに切り込んできたな」と感じた。従来も「ＲＸ－７」や「ロードスター」といったマツダ車のラインナップは確かに魅力的だったものの、いずれもスポーツ車。「マニアが好きなメーカー」という分類を出なかったのだが、「ＣＸ－５」に続いて中型セダン「アテンザ」がモデルチェンジし、いまや看板色にもなった「ソウルレッド」と呼ばれる赤いマツダの車をあちこちで見かけるようになると、「ここは広島か？」と錯覚しそうな気分になったものだ。

筆者にとって、マツダ車の初体験は４ドアセダンの「カペラロータリー」だった。中学２年生になったばかりだったと記憶しているが、福岡県中間市（北九州市に隣接する人口4万余りの小さな市）に住んでいた義理の伯父が「サニー」から買い替えたのがこの車だった。

「すごかろう。これロータリーエンジンっていうんやぞ」

伯父の長男で年長のいとこが、こう自慢していたのをよく覚えている。

確かに、始動時の〃ブルルッルッル〃という柔らかいエンジン音と滑らかな加速は子供心にも鮮烈な印象を残した。そのいとこが絵に描いて説明してくれた、おむすび型のローターがクルクルッと回転する新型エンジンの原理もなんとなく理解できた。

ただ、その「すごか車」に乗ったのは2、3度に過ぎない。伯父は1年経つか経たないかくらいで手放してしまった。「ガソリン代がもったいない」というのが理由である。世界を揺るがしたオイルショックの翌年のことだった。


技術はすばらしいのに運に見放されている——。マツダにはそんな印象がつきまとってきた。

世界初のロータリーエンジン量産車を本格的に展開し始めた矢先に1973年のオイルショックに遭遇し、もともと燃費競争で分が悪かったロータリーエンジン搭載車は売れ行きが急減した。住友銀行（現・三井住友銀行）の支援で経営再建を続けている最中に、バブル崩壊でメインバンクのパワーが低下。住銀に代わって再建役を引き受けた米自動車ビッグスリーの一角フォードは、１９９６年にマツダの3分の1強の株を握って4人の社長を次々に送り込み、マツダを小型車部門の橋頭堡として世界戦略の中に位置づけるようになったが、安定期は長く続かない。２００８年のリーマン・ショックで米自動車産業は大打撃を受け、フォードも財務基盤強化のために子会社を手放さざるをえなくなり、スウェーデンのボルボや英国のジャガー、ランドローバーと同じように、マツダの株式も売却対象になった。

フォードとの資本関係を解消したマツダは経営のフリーハンドを手に入れたものの、日本国内でさえ下位に甘んじている弱小メーカーに果たして未来はあるのか。当時、日本勢ではトヨタ、日産、ホンダ以外は自立が難しいのでは、といった見立てを少なからぬ自動車ジャーナリストたちから耳にした。

「10年後に淘汰されているメーカー」

自動車業界担当の証券アナリストたちの間でこんな「悲観論」が飛び交い始めたのは3・11の震災の頃だったと記憶している。

ところが、その1年後くらいからマツダは人を魅了する車を次々に市場に出し始める。テレビCMでは「Be a driver」のコピーとともに走る歓びを訴え、クルマ好きの心をくすぐった。加えてしなやかな躍動感を印象づける「魂動《こどう》デザイン」を全車種の統一コンセプトとした。極め付けは大衆車「デミオ」でハイブリッド車に匹敵するリッター30キロの低燃費を叩き出した新技術「スカイアクティブ」を登場させたことだ。２０１２年以降、マツダ車はヒットを連発し、フォードが去った後の「悲観論」を完全に払拭した。

何か大きな変化のうねりがマツダを動かしている。その真相を知りたい。そして、そのマツダが拠点を置く広島で何が起きているのかを見たい。

記者生活の大半を企業取材で過ごした筆者のこんな想いが募っていた頃、東京のオフィスで思わぬ内示を受ける。

「広島支局長を命ず」

２０１５年早春のことである。

本書は、筆者が日本経済新聞社広島支局長として見聞した広島の魅力と活力についての考察をまとめたものである。

地方創生がうたわれる昨今、独自の取り組みに着手し、東京とは異なる魅力を磨いている都市は増えているが、その中でも広島の魅力と独自性は際立っているように感じる。広島人の気質や広島の風土をあえてキャッチフレーズ風に言うなら「群れない、媚びない、靡《なび》かない」。言い換えると、強いものに付和雷同せず、自分の持ち味を自力で徹底して磨く「独立不羈の精神」と言えるだろう。

群れず、媚びず、強いモノに靡かず、独立不羈の精神で自分の強みを磨いていくことは、そのまま日本が国際社会の中で追究していくべき態度と重なる。やや大げさに言えば、広島の強みを考えることは、これからの日本の進むべき道を考える糧になるのだ。

もとより、赴任から1年でこのような本を出したら粗忽者とのそしりは免れないだろう。それでも書かずにいられなかったのは、それくらいの魅力が今の広島にはある証拠とも言える。

北九州で育ち、大学に入学して以降は東京で暮らしている筆者にとって、広島はずっと「気になるけれど、通り過ぎる街」だった。そんなアウトサイダーの視点で描いた広島の姿は、地元の方から見れば「それは違う」「浅い」「そもそも買い被りすぎ」と感じるところもあるだろう。そうした視点も含めて、本書を通じてさらに広島についての議論が深まり、広島に興味を持ってくれる人が増えてくれれば、こんなに嬉しいことはない。

（文中敬称略）

広島はすごい——目次

序　章　広島にハマってしまった！

広島にハマってしまった。

なぜだろう。

西日本有数の都市といわれるものの、市の人口は119万人、県全体でも282万人。都市別人口ランキングでは札幌や神戸、福岡はおろか、川崎やさいたまよりも少ない10番目だ。「都会」というより、「大きな地方都市」といった表現の方がしっくりくる。

日本史上では、12世紀に平清盛が覇権を手中にするための拠点を築いた場所であり、また16世紀に中国地方10カ国の覇者となり19世紀に264年続いた江戸幕府を倒した長州毛利家の発祥の地でもある。一方、世界の人々からは20世紀に人類史上初めて核兵器が戦争で使用された被爆地として記憶されている。

その被爆から70年が経過した。原爆投下から17日後の1945年8月23日、毎日新聞は「残された原子爆弾の恐怖　今後70年は棲めぬ」という見出しの記事を掲載している。現実は違った。その年の秋には雑草が焼け野原で見かけられるようになり、街の復興は急ピッチで進んだ。今、広島市中心部は、都会の喧騒と時の流れを押しとどめるような緩やかな空気が流れる落ち着いた街並みになっている。

この街には不思議なエネルギーを感じる。それは70年前の被爆以前から脈打ち、この地の人々を駆り立てる。6世紀後半に朝鮮半島から出雲地方に伝えられたとされる「たたら製鉄」（砂鉄を木炭で製錬する古式製法）は渡来人と共に芸北地域（広島県北部）を経て瀬戸内海沿岸地域まで南下した。その技術は、千年を超える時間の中で、鑢《やすり》などの鉄製工具や縫い針の製造、さらには造船、発電機、自動車、航空機といったモノ造りの基盤となってきた。

一方で土地は肥え、とりわけ瀬戸内海に面した地域は温暖な気候に恵まれ、食う物には困らない。そんな豊かさゆえか、人々はあくせくすることなく、良くも悪くものんびりしている。組織的な狩猟や農耕に取り組む必要もなかったから傑出したリーダーは現れにくい。人々は束縛されることを嫌い、大勢にも靡かない。経済界の関係者は、広島人同士の会議で「話がまとまらない」のは日常茶飯事だと嘆く。

しかし、大勢に靡かないからこそ個性が磨かれ、ユニークな人材や企業が輩出する。度重なる経営危機を乗り越え、小規模ながらもいまや世界の自動車市場で存在感を発揮するマツダはその典型だ。

雑談抜きでいきなり本題

4月の着任早々、真っ先に安芸郡府中町にあるマツダ本社を訪ねた。広島市中心部から車で約30分。広島市内を南北に流れる6本の川のうち、最も東側にある猿猴《えんこう》川に面する広大な敷地（約224万㎡、マツダスタジアム約45個分）にオフィスと本社工場が併設されている。インタビューの相手は会長の金井誠太（1950年生まれ）。マツダの製造部門を長く率いてきた金井に新技術「スカイアクティブ」誕生の秘話を聞こうと思っていたら、初対面の挨拶もそこそこに金井は思いをぶちまけ始めた。

「とにかく同じ土俵、同じモノサシで議論しなければ話にならないんですよ。分かってもらえますか」

雑談など抜きにいきなり本題に入るのが「広島流」というのは後々気づくのだが、これがその最初の洗礼だった。

話題は当時、第2次安倍晋三政権が肝煎りで進めようとしていた「日本再興戦略」。そのテーマの1つに次世代自動車があり、首相官邸のホームページで公開されていた2014年版戦略には「2030年までに新車販売に占める次世代自動車の割合を5〜7割にすることを目指す」というくだりがあった。ちなみにそこで定義されていた次世代自動車とはハイブリッド車、電気自動車、水素自動車、燃料電池車、プラグインハイブリッド車、バイオ燃料自動車、天然ガス自動車、クリーンディーゼル車の8種類。クリーンディーゼルと後述する水素ロータリーエンジン以外、いずれもマツダは自前で開発するつもりはなかった。

2015年は「水素社会元年」という言葉が度々メディアに登場していた。14年12月にトヨタ自動車が燃料電池車（FCV＝Fuel Cell Vehicles）の初の量産車「MIRAI（ミライ）」を発売。最初の1カ月に目標の4倍近い受注を獲得して話題になり、普及の後押しをする政府も水素の供給拠点拡充を急ピッチで進めるなど全面支援する構えを見せていた。排出物は水だけと言われるFCVは「究極のエコカー」とされていたが、金井はどうもそれが気に食わないようだった。

「〝タンク・ツー・ホイール（Tank to Wheel）〟のCO$_2$（二酸化炭素）排出量だけでエ

コの判断をするのはおかしい。〝ウェル・ツー・ホイール（Well to Wheel）〟で見なければ正当な比較はできない」

自動車の環境性能を測る指標について、金井はこう主張する。

タンク・ツー・ホイール（燃料タンクから車輪まで）とは自動車の走行時を意味する。シリンダー内でガソリンと空気の混合気を圧縮した後に点火・燃焼・膨張させて動力を生み出すガソリン車は走行時のCO_2排出が避けられない。これに対し、電気自動車やFCV（タンクに充塡した水素と空気中の酸素を反応させてつくった電気が動力）は走行中のCO_2排出がゼロであるがゆえにクリーンなイメージを醸し出している。

ただ厳密には、電気自動車もFCVも動力を生み出すまでにCO_2を発生させる。電気をつくる方法は様々あるが、現在世界の主流は火力発電（石炭、石油、天然ガス）であり、これらの燃料採掘から輸送、発電、送電、充電までのCO_2排出量が問題になってくる。シンクタンクなどが電気自動車のCO_2排出量を試算する場合には、火力や原子力、水力などの電源構成をもとにそれぞれ国別のウェル・ツー・タンク（油井から燃料タンクまで）の数字をはじき出している。例えば、石炭火力の多い中国のCO_2排出レベルは原子力発電の比率が高いフランスの10倍以上といった具合だ。

一方、ＦＣＶの燃料となる水素は、現在専ら都市ガスや液化石油ガス（ＬＰＧ）、石油の主成分である炭化水素から抜き出す製法が採用されており、その抽出過程でCO_2が発生する。さらに、水素をガソリン車やディーゼル車で水素ステーションに運ぶ際にもCO_2は出る。つまり、金井が言いたいのは最終製品である自動車の走行時のCO_2排出だけを問題にするのではなく、動力獲得までの全工程を対象に加えるべきだということだ。

金井マツダ会長の自信

燃料採掘から車両走行までのCO_2排出量を車の燃料別・動力別に試算した例はある。日本自動車研究所の２０１１年の報告書によると、ガソリン車が１キロ走るのに排出するCO_2は１４７グラム、ディーゼル車が１３２グラムだったのに対し、電気自動車は55グラム（09年度の国内電源構成で試算）、ＦＣＶは79グラム（都市ガス改質の水素を利用）だった。ちなみに、電気自動車は３・11後の12年度の電源構成を元に試算すると77グラムとなり、ＦＣＶとほぼ同レベルになる。この自動車研のデータでは、ガソリン車やディーゼル車は電気自動車やＦＣＶの２倍近いCO_2を排出するとみなされ、内燃機関の技術革新に舵《かじ》を切っているマツダにとって課題を突きつけられた格好になっていたのだが、それはあくまで現状の話。この時の金井の言葉の端々からは、近い将来、マツダがその課題を克服するメドが立っているような印象を受けた。

その自信の裏づけは、マツダが欧州の環境規制強化に対応するため２００６年から取り組んだ「スカイアクティブ」の成功にある。ガソリンエンジンで世界一の高圧縮比、ディーゼルエンジンで世界一の低圧縮比を実現。スカイアクティブの第１弾として、11年6月に発売した小型車「デミオ」は前述のようにハイブリッド車並みのリッター30キロという低燃費で市場をアッと言わせた。さらに12年2月に発売したＳＵＶ「ＣＸ－５」は変速機など基幹部品の構造を全面的に見直し、１ドル＝77円、１ユーロ＝１００円の為替水準でも利益の出る製品を生み出した。

一連のスカイアクティブの技術開発の先頭に立ってきたのが金井である。１９７４年に東京工業大学工学部機械工学科を卒業し、東洋工業（現・マツダ）に入社。80年代に人気を集めた上級セダン「ルーチェ」の設計などで頭角を現し、96年に車両先行設計部長、02年発売の新型中型セダン「アテンザ」では新しいプラットフォーム（車台）で開発を進めて成功を収めた。何度も社長候補に浮上したが、米フォード傘下の時代を挟んで苦境が続いたマツダでは「エースの登板」がなかなか実現しなかった。

スカイアクティブに着手した06年に取締役専務執行役員になった金井は、11年から2年間副社長を務めた後、13年に山内孝から小飼雅道へと社長が交代するタイミングで副会長となり、翌14年に山内の退任に伴って空席となる会長のポストに就いた。山内が社長に就任したのは08年11月19日。2カ月前のリーマン・ショックで業績悪化に拍車が掛かった米フォードが保有するマツダ株33・4%のうち20%を売却すると発表した翌日だった。実は本来の社長交代は09年4月のはずであり、本命視されていたのは金井だった。しかし、事実上の親会社だったフォードの撤退という緊急事態に直面した当時のマツダ社長、井巻久一は、後継者に技術畑一筋の金井ではなく、慶応大学商学部を卒業し人事畑を歩んできた山内に白羽の矢を立てた。新たなリストラが不可避の状況下、労働組合や取引銀行との交渉には事務系の山内の方が適任と考えたに違いない。

地位に恋々としない経営者たち

予想に違わず、山内は09年3月期から4期連続の最終赤字に苦しんだが、期待に応えて2度の公募増資などで見事に財務を立て直した。そして在任5年で社長を小飼に譲り、会長に就任したものの、わずか1年で相談役に退いてしまった。あまりの退き際の良さに関係者は驚いたが、その心情は理解できるような気がする。おそらくリーマン後の危機的状況下で登板の機会を逸した「エース」に配慮して、会長ポストを明け渡したのだろう。大企業には経営の第一線を離れてからもせっせと出社する元社長や元会長が珍しくないが、マツダの歴代相談役は滅多に会社を訪れない。山内が会長を退いて会社を離れる日、本社の玄関口には大勢の社員が別れを惜しんで詰めかけたという。

話を環境規制問題に戻そう。スカイアクティブの針路を見通す金井には、マツダの内燃機関搭載車が遅くとも２０２０年頃には電気自動車やＦＣＶ並みのCO_2排出量を達成するとの目算があるように見える。近い将来ガソリンエンジンやディーゼルエンジンを搭載した内燃機関搭載車がなくなると唱える有識者もいるが、「そんなことはあり得ない」というのがマツダ経営陣の見解だ。

金井に「ＦＣＶが予想を上回るブームになり、水素ステーションの普及が急ピッチで進んでインフラが整ったらマツダはどうしますか」と尋ねてみたら、「ウチは水素ロータリーエンジンの開発にメドがついているから、その準備もできている」と余裕綽々《しゃくしゃく》だった。同じ水素で動く車でも、ＦＣＶが水素を使って起こした電気で動くのに対し、ガソリンの代わりに水素を燃料に使うエンジンで動くのが水素ロータリーエンジン車。

マツダは世界初の実用化に成功しており、「RX－8ハイドロジェンRE」と名づけて2006年から国内官公庁や企業向けのリース販売を始めている。

マツダがあくまで内燃機関にこだわるのは商品戦略の側面からだけではない。部品メーカーや大学、自治体の関連団体など長年培った技術の地脈人脈の裾野をさらに広げ、やがては広島を世界の内燃機関の研究開発拠点として知名度を高めていきたい――。金井にはそんな思いもあるのだ。

元気な製造業が発する「熱」

いきなりマツダの話で始めてしまったのは、現在の広島の「温度」を測るのにこの会社ほどうってつけの存在はないと感じるからである。「温度」というより「熱」といった方が適切かもしれない。マツダの業績が2012年以降ようやく回復基調に乗り、広島の産業界のみならず、流通業界、さらには八丁堀や流川町（いずれも広島市中区）の繁華街を中心とする飲食業界まで活気づいている。

原爆によって一面焼け野原と化した広島の街は戦後急ピッチで復興を果たした。マツダだけでなく、中心部の西方に位置している三菱重工業広島製作所は戦後の造船ブームで大いに潤い、26キロ離れた呉市の石川島播磨重工業（現・ＩＨＩ）呉第一工場も世界最大級のタンカーを次々に建造。東方の福山市では終戦から20年後の１９６５年に日本鋼管福山製鉄所（現・ＪＦＥスチール西日本製鉄所福山地区）が発足し、市の人口は当時の17万人から10年後の75年には33万人へとほぼ倍増した。これら重厚長大産業の動向は戦後日本の高度成長と軌を一にしており、73年のオイルショックで一様に打撃を受け、その後は長い低迷期に入ったが、各社は合理化や業態転換を繰り返して活路を見出し、国内のモノ造りの拠点としての地位を確固たるものにしてきた。

　かつては世界屈指の造船工場だった三菱重工広島の江波工場（広島市中区）は、いまや米ボーイングの旅客機向け胴体パネルの生産拠点に様変わりしているし、ＩＨＩは呉第一工場の造船部門をジャパンマリンユナイテッド呉事業所として切り離す一方、呉第二工場を航空部品工場とし、中でも「シャフト」と呼ばれる航空機エンジンの回転軸では世界シェアの４割を握る。広島と呉では航空部品関連の下請けメーカーの集積も厚みを増しており、かつての「造船の街」から「航空産業都市」へと様変わりしつつある。

　自動車、造船、航空機、さらに呉市の旧海軍工廠《こうしょう》の跡地の一角にある三菱日立パワーシステムズ呉工場が製造している発電用ボイラー・タービンなど、最終製品は異なってもモノ造りの技術の裾野でオーバーラップする部分は少なくない。広島大学をはじめ地元大学とのバラエティに富んだ共同研究（例えば、広島大学大学院の山脇成人・精神神経医科学教授とマツダが進めている「ヒトをワクワクさせるにはどうすれば良いのか」をテーマに据えた研究など）も含め、広島で取材をしていると、元気な製造業が発する「熱」のようなものをしばしば感じるのだ。

金メダリストの実兄が作った会社

こうしたいわば〝モノ造りの土壌〟が育んだ企業群にはユニークな経営者が多い。

中小水力発電用プラントメーカーのイームル工業（広島県東広島市）を１９４７年に創業した織田史郎は、前職は中国配電（中国電力の前身）の筆頭理事だったが、戦後の電力再編・民営化に際し、山間地での無灯火村の解消を目指して会社を立ち上げた。中国地方はもともと急峻な地形と水が豊富で水力発電の適地が多かったうえ、織田が政府や国会議員に働きかけて立法化に尽力した農山漁村電気導入促進法が52年に施行されると公的融資が可能になり、小水力発電の設置に弾みがついた。余談だが、織田は28年のアムステルダム五輪で日本人初の金メダリストになった三段跳びの織田幹雄（１９０５

〜98年）の実兄である。

　草創期の織田の事業にかける意気込みと馬力は凄まじい。イームル工業元専務で、現在は全国小水力利用推進協議会副会長を務める沖武宏（1941年生まれ）は織田から直接薫陶を受けた最後の世代だが、今でも58年の入社早々に始まった小水力発電の適地調査が忘れられないという。

　小水力発電についてよくある誤解は、川の流れに勢いがあれば水車がよく回り発電量が多いというものだが、実際は流れの高低の落差Ⓗと水量Ⓠが重要で、理論出力はH×Q×9・8（重力）となり、あとは機械などでどの程度ロスが出るか、という設備効率で決まる。だから国土地理院が発行していた地図を詳細にたどれば、全国各地における水力発電の適地を割り出せる。沖が入社した直後のイームル工業では会議室に全国の5万分の1の地図を広げ、社長の織田が印をつけた箇所に何kWの発電所を造れるか、社員が計算に明け暮れていた。落差Ⓗは等高線を一つ一つ数え、水量Ⓠは取水面積をプラニメーター（地図上の図形をコロでなぞって計測する装置）を使って調べる。そのデータが出来上がると、織田が青森から鹿児島まで1年間かけて現地調査に赴いた。自動車好きの織田は全国どこへ行くにも運転手付きの専用車で出かけていたといい、発想も行動もかなり破天荒なワンマン経営者だった。

そんな織田に先見の明があったのは、創業当時から「全量売電式農村地域経営」を提唱したことでも証明できる。農家や林業家に小さな水力発電装置を提供して自家用の電力を賄ってもらうのではなく、地元の自治体や農協がオーナーとなり、小水力発電を事業として立ち上げるように促したのだ。織田のアイデアは半世紀後、東京電力福島第一原子力発電所事故に伴う電力不足をきっかけに導入された再生可能エネルギーの固定価格買い取り制度（ＦＩＴ）と基本コンセプトが同じであり、昨今、地方創生の施策によく登場する「電力の〝地産地消〟」の精神に通じる。

２０１２年のＦＩＴ導入後、再生可能エネルギーに分類された小水力発電はにわかに脚光を浴び、イームル工業には全国の自治体や農協、土地改良区などから設備の補修や新設の引き合いが急増している。同社社長の中井雄三は「織田史郎の創業の理念に加え、モノ造りの技術水準の高い広島に拠点を置いたことが会社の発展に結びついた」と話す。本社工場を構える東広島市には自動車や機械関連の部品メーカーの集積があり、「技術上の課題を相談できるパートナー企業を見つけやすい」と中井は話している。

カープも熱いぞ！

活気づいているのは産業界だけではない。いまや広島経済はプロ野球球団「広島東洋カープ」の存在を抜きには語れない。このことは、ペナントレース中でなくても、この街で3日も過ごせば分かる。

市内を歩けば、車体に選手の写真や球団のロゴを描いた「カープ電車」に遭遇する。その車内では、新井貴浩はじめ26人の選手の声で「次は……です」といった電停名や乗車マナーなどのアナウンスが流れる。大手タクシー会社のつばめ交通（広島市東区）には球団マスコット「カープ坊や」などのイラストがあしらわれた「燃えろ赤ヘルタクシー」があり、そのものずばりカープタクシー（同南区）という名の会社もある。もちろん「カープバス」も存在する。県北部が地盤の備北交通（広島県庄原市）が２０１４年から、三次市出身の梵《そよぎ》英心、永川勝浩の両選手の似顔絵を車体に描いたバスにその名をつけ、運行を開始した。

地元テレビでは、全国区の知名度があるとはいえない選手が出演するＣＭが流れ、圧倒的シェアを誇るブロック紙「中国新聞」は運動面の一つを毎日（シーズンオフも例外なく！）カープの記事で埋める。中国電力系のシンクタンク、エネルギア総合研究所が毎年試算している「カープ経済効果」という指標によると、2015年12月に算出した数値は248億円。これは関係施設の雇用など直接的な効果を集計したもので、実際はマツダスタジアムへの玄関口になるJR広島駅周辺の賑わい創出や店舗・オフィスの増加といった間接的な効果を合わせると、この10倍を下らない気がする。

黒田博樹投手の8年ぶりの復帰に広島中が沸いた2015年、カープ主催試合の観客動員は211万人に達した。それまで年間200万人以上の観客を集めた球団は、巨人、阪神、ソフトバンク、中日の4球団しかなかった。阪神には「野球の聖地」甲子園球場があり、他の3球団の本拠地は収容規模約4万人のドーム球場。これに対し、カープの地元マツダスタジアムは定員3万3000人。そこへ、毎試合平均2万9722人の観客が押し寄せたのだ。客席稼働率にしてざっと90%。商圏となる広島市の人口が119万人であることを考えると、そのほぼ倍に匹敵する211万人という集客は驚異的といえる。

ベースボール・ビジネスを熟知するオーナー

それでも、旧広島市民球場からマツダスタジアムへの移転が決まった2005年当時、球団オーナーの松田元は不安だったという。

「広島人にとって徒歩圏はせいぜい３００メートル。駅から新球場までの８００メートルを果たして歩いて来てくれるかどうか」

バスセンターが隣接し、路面電車や新交通システム「アストラムライン」の駅も間近にあった旧市民球場に対し、マツダスタジアムはＪＲ広島駅から普通に歩いて10〜15分の距離にあったからだが、幸いこの「３００メートルのカベ」は杞憂に終わった。

松田は１９５１年生まれ。マツダの創業者、松田重次郎（１８７５〜１９５２年）から数えて４代目にあたる直系の曾孫《ひまご》である。２代目の祖父・恒次（１８９５〜１９７０年）、３代目の父・耕平（１９２２〜２００２年）もいずれもマツダ（当時の社名は東洋工業）の社長を務めたが、業績悪化でメインバンクの住友銀行に支援を仰いで以来、創業家は経営の第一線から退いた。耕平が社長を退き、代表権のない会長に退いたのが１９７７年。この年、慶応大学商学部を卒業し米国留学を終えた松田が奇しくも東洋工業に入社したのだが、82年には退社し、翌83年に広島東洋カープ取締役に就任して以後は球団経営に専念している。

「若い頃から何度もアメリカや中南米に視察に行き、ベースボール・ビジネスを目の当たりにしてきた」と松田は話す。名実ともに市民球団だった広島カープが球団支援母体を東洋工業に一本化し、社名も広島東洋カープに変更したのが1967年。祖父の恒次は62年からオーナー（当時の呼称は「株式会社広島カープ社長」）を務めており、70年に死去すると、父の耕平が後を継いだ。野球をこよなく愛した耕平は自ら渡米して大リーグの球団経営を研究しただけでなく、無名の若手選手だった衣笠祥雄《きぬがささちお》らを現地の教育リーグに派遣して才能を開花させた。75年、カープが悲願のセントラル・リーグ初優勝を飾った際、「永年にわたって声援を送っていただいた広島県民に恩返しができて本当にうれしい」と涙ながらに語ったオーナー談話は今でも語り草になっている。

77年、耕平は東洋工業社長を退任したのとほぼ同時期に球団株の大半を取得。東洋工業の持ち株比率は34・2％で名目上は引き続き筆頭株主だったが、球団運営には口出しをしない「持分法を適用しない非連結会社」との位置付けとなった。代わりに松田一族が保有する持ち株の合計が61・2％となり経営権を掌握。松田は85年にオーナー代行になり、2002年に耕平が亡くなった後オーナー職を継いだ。90年に中南米ドミニカ共和国に野球学校「カープアカデミー」を開設した際、現地へ足を運び、候補地選定から施設整備までを一貫して手がけたのは、当時オーナー代行だった松田である。

オーナーとしての球団経営に対する熱意でいえば、間違いなく12球団トップである。球団の最終損益は初優勝した１９７５年から２０１５年まで40年間黒字だ。今でこそマツダスタジアムの高稼働率が定着しているが、旧市民球場からの移転が持ち上がった頃は不安でいっぱいだった。新球場建設に際しては球団も30億円の投資を迫られ、後々それが帳簿上の負担にならないように、通常は3年償却の新入団選手の契約金を前倒し償却するなどキメの細かいやり繰りを余儀なくされた。

マツダスタジアム内にある球団事務所で松田に「球団を赤字にしない秘訣」を尋ねたことがある。すると「東洋工業に入社して配属されたのは経理部門でね、当時会社の財務は苦しかったんよ。それで物事を手堅く見る習性がついたのかもしれんね」といつもの広島弁で笑いながら答えてくれた。

その松田が２０１５年、ベトナムを訪れた。ホーチミン市の夜7時、空港の噴水前に大勢の人だかりができていた。何をするでもない。若者たちが三々五々集まっては会話に花を咲かせているように見えたという。「夜の娯楽がない」のである。

対米戦争終結から40年のベトナムの現状が敗戦後の広島に重なる。カープアカデミーのアジア版が実現する日が遠からず来るのかもしれない。

第1章　黒田が戻ったのには理由がある――市民球団カープ考

1人の投手が熱狂を呼び、ファンは彼を「神様」と呼ぶ。その理由は、広島の街の空気を吸い、スタジアムに足を運び、試合結果に一喜一憂する人々の話に耳を傾けながら、彼が8年前に一度は米国へ去った経緯を知って初めて理解できる。大阪出身で今でもキツい関西訛りで喋る男が5倍以上の年俸を捨て、生まれ故郷でもないこの街に戻ってきたのはFA（フリー・エージェント）宣言をして広島を去る1年前の最終戦の旧市民球場、あの時の光景が目に焼きついて離れなかったからに違いない。

その場面に至る前に話は少し寄り道をする。

凱旋初登板の日

2015年3月8日午前10時過ぎ、朝6時台に東京を発った新幹線のぞみは広島駅に近づき、速度を落としつつあった。新幹線高架線路の南側を並行して走るＪＲ山陽本線や芸備線の向こうにマツダスタジアムが視界に入ってくる。09年の開設以来、全国のプロ野球ファンの間で「一度は行ってみたい」と羨望の的になった球場である。監督・コーチ・選手が陣取るベンチ・レベルに視線が来るように捕手後方のスタンドを掘り下げ投手の球筋を見やすくした「砂かぶり席」をはじめ、特製クッションで横になっても観戦できる「寝ソベリア」、試合を観ながらバーベキューができる「びっくりテラス」など、ユニークなコンセプトの観客席を数多く導入して日本国内におけるそれまでの野球観戦の常識を一変させた、いわば〝和製ボール・パーク〟の草分けだ。

この日は日曜日。筆者は４月１日の赴任に備えての新居を探しに広島を訪れたのだが、新幹線の窓越しに何気なくスタジアムを眺めると、午前中なのに球場内にすでに大勢の客が入り、線路沿いに続く駅からスタジアムまでの「カープロード」に鈴なりの人また人が見える。ハテ、きょうは何かイベントでもやっているのかなと思いながら、日帰りで帰京し、翌日の朝刊スポーツ欄を見てハッと気づいた。そうか、昨日は「黒田初登板」の日だったのだ、と。まだオープン戦というのに観客は２万２９４２人、４回３分の１を無安打無失点に抑えて降板した際には、真っ赤に染まったスタンドからスタンデイングオベーションが沸き起こった。広島赴任後、様々な〝カープ現象〟に何度も驚かされるのだが、第1発目がこれだった。

その日から2カ月余り前の14年12月27日、広島市民には5日早いお年玉があった。プロ野球広島東洋カープ球団が米大リーグのニューヨーク・ヤンキースでフリー・エージェント（FA）になっていた黒田博樹投手と契約を結んだのだ。地元紙中国新聞は公式発表を待たず、その日の朝刊1面トップで「黒田、カープ復帰へ」とスクープ。市内中心部の目抜き通り「本通り商店街」には早々に「祝復帰　黒田様」の張り紙と等身大の写真が掲げられ、通りを行く老若男女がそれを目にして歓喜の表情を浮かべた。

カープファンには他球団と異なる数多くの特徴があるが、その1つに世代別、性別による偏りがないことが挙げられる。特に女性ファンの多さが群を抜いている。15年のシーズン中、球団が60代以上の「1日ホームランガール」を募集したところ、わずか8日間で1077人（最高齢の応募者は104歳）の応募があり、85歳を筆頭に60歳、52歳の3人の女性が選ばれた。応募は国内では28県からあり、中には海外（パラオ共和国）からのものもあったという。大役を射止めた85歳の女性は感想を求めた報道陣に「当日はたくさんのホームラン人形を渡せるように応援したい。私が生きているうちに必ず優勝してほしい」とコメントした（この女性が担当した9月10日の試合では、残念ながらカープの本塁打は出なかった）。

堂林翔太内野手や野村祐輔投手ら若手のイケメン選手が活躍し始めた13年頃から首都圏や近畿圏で「カープ女子」と呼ばれる20～30代の女性ファンが急増したが、ご当地広島では女性ファンに世代の区切りはない。老いも若きもレプリカユニホームを着てマツダスタジアムに観戦に訪れるのが広島女性のファッション。赤いビジター用が主流になっているのだが、高齢女性でもこれがまた実によく似合っている。

遅咲きのエース

１９７５年２月10日に元プロ野球選手黒田一博（南海ホークスや高橋ユニオンズなどに在籍した外野手、２００７年に82歳で死去）の次男として大阪市で生まれた黒田は、上宮高校から専修大学へ進み、96年にドラフト逆指名2位でカープに入団した。

ルーキーで臨んだ97年のシーズン、4月25日の巨人戦で「初登板・初先発・初勝利・初完投」という快挙をやってのけたが、入団3年目くらいまでは存在感がいまひとつだった。同学年で同期入団、共に東都大学リーグで活躍した青山学院大学出身の沢崎俊和が1年目に12勝8敗で新人王を取って脚光を浴びる一方、6勝9敗の黒田には注目が集まらなかったのだ。頭角を現すのは4年目の2000年から。前年の99年に投手コーチを務めた大野豊と取り組んだチェンジアップが大きな武器になった。150キロ台の速球に緩いチェンジアップを織り交ぜ、緩急を効かせた投球術で勝ち星を伸ばし、この年9勝、翌01年から12勝、10勝、13勝とコンスタントに2桁勝利を挙げるようになる。黒田が佐々岡真司に代わって「エース」の称号を手にしたのは02年のシーズンあたりだ。

04年、黒田はアテネ五輪の日本代表メンバーに選ばれ、慣れない中継ぎ登板ながら2勝を挙げた。とはいえ、肝心のペナントレースでは7勝にとどまる。黒田にとって01年から渡米する直前の07年まで2桁勝利に届かなかった唯一のシーズンなのだが、実はこの年、プロ野球界は大揺れに揺れている。6月にパシフィック・リーグの近鉄球団とオリックス球団が合併を検討していることが明らかになり、セントラル・リーグを巻き込んだ球界再編の嵐が吹き荒れたのである。

中央球界が騒然としていたこの時期、実はカープにも危機の波は押し寄せていた。選手会のストを経て2リーグ制維持は決まったものの、経営不振の近鉄球団は既定方針通りオリックス球団に吸収合併されることになったため、パ・リーグでは新たに仙台を本拠地にする「東北楽天ゴールデンイーグルス」が産声を上げた。また、自主再建を断念して産業再生機構への支援要請を余儀なくされたダイエーが球団経営から手を引き、ソフトバンクへのホークス球団譲渡が決まったのも同時期だった。そして一連の流れを目の当たりにした広島市民の間からは「成績も集客もじり貧のカープはほんとうに大丈夫なのか」と懸念する声が次々に上がり始める。

広島にもあったドーム球場構想

当時、カープは13年間優勝から遠ざかっていた。Ａクラスに入ったのは、三村敏之監督時代の94～97年の４シーズンのみ。主催試合の観客動員は低迷続きで03年が年間94万6０００人、04年が98万6０００人と共に12球団中最下位。パ・リーグ最低だった近鉄でさえ、04年は１３３万８０００人を集めていた（当時公表されていた観客動員数は現在のような実数ではなく、来場していなくても前売り券や招待券などの販売枚数を含む〝水増し〟分が含まれていた）。ただ、観客動員低迷がカープの成績不振によるものだけではないことをファンも地元関係者も認識していた。１９５７年の完成から半世紀が経過しようとしていた本拠地・広島市民球場の老朽化。それがもう１つの理由だった。

1988年開設の東京ドームを皮切りに、2000年代にかけて福岡、名古屋、大阪、札幌で次々にドーム球場が誕生していった中で、広島でも90年代初めからドーム型のスタジアム建設構想がくすぶっていた。96年にJR広島駅東部の旧東広島駅貨物ヤード跡地（約11・8ha）の再開発について、広島市が計画内容の検討を依頼した学識経験者らの委員会が、官民出資の第三セクター方式によるドーム球場を中核にした都市開発案を当時の平岡敬市長に提言。地元メディアは大きく取り上げたが、最大収容人員4万人、建設費約420億円という壮大な規模とコストに「採算無視」と批判を浴びせた。

実際、このドーム球場構想に現実味は乏しかった。建設費約420億円には当時150億～200億円程度とみられていた用地取得費が含まれておらず、仮に市が用地を買い上げて貸し付けるにしても「借地料がゼロに近くないと事業主体の第三セクターは採算確保が難しい」と委員会は指摘。さらに、巨額の投資を回収しようとすれば球場の使用料も高額になり、球団の収益を圧迫する。当時、カープが支払っていた広島市民球場の年間使用料は6550万円（1996年までプロ野球は130試合制で主催試合は65試合）とされており、この4万人収容のドーム球場が完成した場合には「（6550万円は）5試合分にしかならない」といわれていた（1998年4月18日付読売新聞）。

それでも、「広島市民の夢を叶えたい」と市長の平岡はドーム構想に未練があり、当時カープのオーナーだった松田耕平にひそかに球団の意向を打診したことがあった。そのとき松田は「球場使用料が上がると球団経営に響く」「人工芝だと選手寿命が短くなる」とやはり乗り気でなかった。本来なら、ここで新球場問題は決着するはずだったのだが、そうはいかない事情が立ちはだかる。広島財界の「介入」だった。

「現球場（旧市民球場）は広島市の中心部で交通の便も良い。にぎわいを生みやすく、球場を基盤に暮らす人もいる。東広島駅貨物ヤード跡地を（新球場建設地として）望む声もあるが、にぎわいの拠点はあちこちにつくるべきではない」

04年11月に広島商工会議所会頭に選任された宇田誠（広島銀行会長）は就任当初から新球場問題についてこんな見解を繰り返していた。旧市民球場は市の中心部に位置し、その基町・紙屋町界隈には県庁のほか、広島銀行本店、そごう広島店、エディオン広島本店、リーガロイヤルホテル広島などが軒を並べ、広島電鉄や市営の新交通システム「アストラムライン」、バスターミナルといった交通インフラの拠点が集中している。旧市民球場の深刻な観客動員低迷が取り沙汰されていたとはいえ、それでも１試合１万人強が集まる球場が移転すれば「広島の中心部が寂れてしまう」との警戒心を地元財界の首脳たちはアタマから払拭できなかったのだ。

広島市やカープ球団が財界首脳の発言を無視できなかったのには理由がある。広島の財界はカープ設立時から陰に陽に球団経営を支え続け、中でも1957年に完成した旧市民球場は建設費2億6500万円のうち、2億5000万円を地元財界の寄付で賄ったという経緯があったからだ。

「縄ホームラン」を放った名選手

球団発足当初、カープは市内西部にある県営の広島総合球場（別名「観音球場」、現在の呼称は「コカ・コーラウエスト野球場」）を本拠地としていた。戦時中は芋畑だったこの球場に芝を張る経費はなく、観客席もわずかにバックネット裏に土を盛り上げたスタンドがあるだけで内外野の観客はグラウンドとロープで仕切られた後方で試合を観戦した。球場の周囲は塀で囲われていたが、その塀を乗り越えて無料観《ただみ》をする不心得者が後を絶たなかった。苦しい球団財政が悩みのタネだった初代カープ監督石本秀一（1897〜1982年）は、試合の采配よりも塀の監視に神経を尖らせていた。

草創期のカープには数多くのエピソードがあるが、球場にまつわるものも少なくない。

50年の開幕から2カ月後、5月21日の対大洋戦が行われたのは広島県立尾道西高校（現在の尾道商業高校）の校庭だった。後に甲子園の常連となる高校野球の名門校とはいえ、当然のことながら観客席はなく、グラウンドにロープを張り、その後ろで観戦する状態。右中間後方は雑草が生い茂っており、当時プロ1年目で控えの捕手だった長谷部稔の回顧談によると、試合中その草むらにボールが飛び込んで行方不明になり、審判団は協議の結果、本塁打と認定。翌日の新聞には「ジャングル・ホームラン」という見出しが躍ったという（西本恵『広島カープ昔話・裏話』トーク出版）。

この校庭では3年後の53年4月1日にも対大洋松竹（53年に大洋ホエールズと松竹ロビンスが合併、54年には洋松に名称変更）の公式戦が行われ、この試合でも、カープの白石勝巳が放った外野飛球を観客がフェンス代わりに張ってあったロープを引き下げて〝オーバーフェンス〟の本塁打にしてしまう「縄ホームラン」と呼ばれる珍事が起こった。大洋松竹の小西得郎監督は猛抗議したが、観客の大歓声にかき消されてしまった。地方の高校の校庭で行われたこの試合に約6000人の観客が詰めかけていたというから、当時の広島の野球ファンの熱狂が想像できる。

ちなみに「縄ホームラン」を放った白石は広陵中を1936年に中退し、東京巨人軍に入団。「逆シングルの名手」といわれた遊撃手で、戦後はパシフィックや巨人を経て50年のカープ創設時に選手として名を連ねた。53〜60年、63〜65年の計11年間カープの監督を務めたが、このうち53〜56年の4年間は選手兼任監督だった。監督時代の成績は万年Bクラスでパッとしなかったが、64年に球団の株主でもあった東洋工業のコンピュータを借りて巨人の王貞治の打球方向を分析し、内外野手の守備位置を大きく右に寄せる「王シフト」を採用したことで知られている。

球場を巡るエピソードはまだある。54年9月8日に酒蔵の街として知られる西条町(現・東広島市)の御建公園野球場で行われた対中日戦。この日はダブルヘッダーが予定されていたが、前日来の激しい雨でグラウンドはひどくぬかるんでいた。球団関係者は土や砂を入れて水浸しの状態をなんとか改善しようとしたが、元々水はけの悪いグラウンドだっただけに〝焼け石に水〟。そこで水が引かない箇所に石油を撒き、燃やして水分を蒸発させることにした。現在では考えられない乱暴な「グラウンド整備法」だが、発案者の地元消防団の協力を得て、石油を撒いた箇所に松明で火をつけ、10分余りの間炎上させ、狙い通りに溜まっていた水を蒸発させてしまった。さすがにダブルヘッダーは不可能で1試合のみの開催になったが、悪天候にもかかわらず集まった約4000人の観客の前で〝魔球フォークボール〟で知られた中日のエース、杉下茂を打ち崩し、６対２でカープが勝利を収めた。

地元財界の熱意で作った広島市民球場

ことほど左様にカープにとって球場問題の解決は長年の課題だった。特に平日開催試合の観客動員を増やすにはナイター開催が急務で、セ・リーグでは50年の後楽園球場をはじめ、53年に中日球場（後のナゴヤ球場）、54年に川崎球場、56年に甲子園球場と続々と照明設備の設置が進んだ。本拠地に照明設備がないカープの選手はナイターに不慣れなため、夜間の試合が増えてくると劣勢に立たされることが格段に多くなった。

56年11月、当時の広島市長渡辺忠雄は地元財界の代表者10人を招いて新球場建設への協力を要請した。建設地は旧陸軍第五師団西練兵場跡地に立つ児童文化会館前の国有地（敷地面積約2万４０００㎡）に決定。向かい側に原爆ドーム（旧広島県産業奨励館）があり、そこから元安川を挟んで平和記念公園に隣接している。平和都市・広島にふさわしい立地であり、それを受けての市長の要請に財界もようやく重い腰を上げた。

市長の渡辺が新球場建設の協力を求めたのは「二葉会」と呼ばれる地元有力企業の親

睦組織だった。同会が発足したのは53年である。

「戦後7年にもなるのに広島には市民が一堂に集まる場所がないのは実に寂しい。広島に立派な公会堂とホテルと物産陳列館をつくるのが私の夢だ」

電信柱や鉄道の枕木など防腐木材大手の山陽木材防腐（現・ザイエンス）を一代で築いた当時の社長、田中好一が53年新春のラジオ番組でこう呼びかけたのをきっかけに、地元有力企業10社が協力し、約3億5000万円を供出して平和記念公園の一角に「広島市公会堂」を建設した。53年11月に着工し、55年2月に完成したこの建物は公会堂と共に「新広島ホテル」を併設。建物は89年に建て替えられ、現在は「広島国際会議場」となっている。広島市出身の世界的なバレリーナ、森下洋子（1948年生まれ）は小学校1年生の時に完成直後の広島市公会堂で東京から来た橘バレエ学校の生徒が踊る公演を観て上京を決意、初舞台もこの公会堂だった。

話は前後するが、53年初頭、田中の「夢」を聞いて真っ先に「公会堂」建設プランに賛同したのは「刎頸の友」といわれた東洋工業社長の松田恒次である。田中と松田は賛同者を増やそうと、広島駅北側の二葉の里にあった高級旅館「芙蓉別荘」へ当時の広島財界トップに集まってもらった。中国醸造社長の白井市郎、中国電力社長の島田兵蔵、広島瓦斯（現・広島ガス）社長の林利平、広島銀行頭取の橋本龍一、広島相互銀行（現・もみじ銀行）社長の森本亨、広島電鉄社長の伊藤信之、中国新聞社社長の山本実一、それに藤田組（現・フジタ）社長の藤田定市の8人で田中と松田を含めて計10人。会の名称は芙蓉別荘の裏庭から二葉山を一望できることにちなんで「二葉会」とした。「会長」は置かず、事務局もない、いささか風変わりな会だったが、メンバーは意気投合し、早々に「公会堂」プロジェクトが動き出した。続いて55年にコース開きをした西条ゴルフ場（東広島市、現・広島カンツリー倶楽部西条コース）に1億5000万円を出資。そして次に浮上してきたのがカープの新たな本拠地球場だった。

「二葉会」の動きは早かった。市長の要請から2カ月後の57年1月末に地元財界からの1億6000万円（第1期工事分）の寄付受納が市議会で可決され、工費調達のメドが立ったため、2月初めに球場建設に着工。施工は呉市に本社を置くゼネコンの増岡組（74年に東京に本社を移転）が受注した。文字通りの突貫工事で、大型ブルドーザーを連日連夜フル稼働させ、人手が足りない時は職人たちの家族まで駆り出された。工期はわずか5カ月で7月22日に完工式が挙行された。夜の点灯式で市長の渡辺がスイッチを押し、6基の照明灯に火が入ると、集まった約1万5000人のファンから大歓声が沸き起こった。

翌58年に内野スタンドの増設工事が行われ、球場の収容人員を1万7422人から2万4500人へ拡張。この2期工事にも「二葉会」のメンバー企業を中心に9000万円が寄付され、「広島市民球場」と名づけられたこの野球場への拠出額は合計2億5000万円に達した。総建設費2億6500万円の9割以上を地元財界が負担したことになる。ナイター設備を導入した市民球場の集客効果は抜群で、広島総合球場時代に約4000人だった1試合平均の観客が2期工事完成直後には4・5倍の約1万8000人に急増。球団の経営安定化に大きく貢献した。

「樽募金」が行政を動かした

話を2004年に戻そう。球団合併でプロ野球からの撤退を決意した近鉄は、04年3月期にプロ野球事業で約40億円の赤字を計上していたが、実は吸収する側のオリックスも球団の赤字は同規模といわれていた。カープは12球団で唯一、親会社を持たない「市民球団」である。幸い堅実経営で、セ・リーグで初優勝した1975年以来黒字を続けているが、その額はわずかで財務に余裕はなかった。買収が持ちかけられたらオーナーは同意してしまうのではないか。そんな不安をカープファンが抱《いだ》いたのも無理はない。実際、2005年2月には、楽天と競って球界参入を逃したライブドアがカープ球団の買収に動いているとのウワサが飛び交ったこともあった。

そんなカープファンの不穏な空気を汲み取るように始まったのが「樽《たる》募金」だった。1950年代初頭の草創期に選手への給与遅配などで顕在化した球団の苦しい資金繰りを支援するため、球場周辺に樽を置いて市民からの募金を募った故事に倣ったものだ。行政や財界の調整が行き詰まり、一向に進まない新球場プロジェクトの閉塞状況をファンの力で打開しようという狙いだった。広島県内の報道機関8社（後に増えて12社）が推進委員会を結成し、2004年11月20日から1年間の予定で県内外1200カ所の街頭に四斗樽や募金箱を置いた。この「樽募金」活動は開始早々から大きな反響を呼び、1年後には目標の1億円を大きく上回る1億2500万円が集まった。

このファンの熱気が行政と財界を動かした。2005年6月に広島市長の秋葉忠利（1999年に平岡に代わり就任）は「現在地での球場建て替えは困難」とし、貨物ヤード跡地での建設方針を明言。翌7月には商工会議所会頭の宇田が市主催の説明会で「私自身、相当に理解が深まってきた」と初めて貨物ヤード跡地での建設を容認する姿勢を表明。市と財界の足並みが揃い、新球場プロジェクトは一気に加速する。06年10月には「砂かぶり席」をはじめ多様な観客席を設ける環境デザイン研究所（東京・港区）のプラン採用が決定。五洋建設（広島県呉市を創業の地とする水野組が前身）を幹事会社とするＪＶ（共同企業体）が施工を受注し、07年11月に着工した。

08年11月に市は球場の命名権を年間３億円、５年契約でマツダに売却し、名称を「ＭＡＺＤＡ　Ｚｏｏｍ－Ｚｏｏｍ　スタジアム広島」（略称・マツダスタジアム）と決定（13年にマツダはさらに５年契約を更新したが、命名権料は年間２億２０００万円に下がった）。球場建設費は約90億円。広島市と県、地元財界が過半の46億円を負担し、残り44億円は球場使用料を担保にした借入金や市民の寄付金などで賄うことが決まった。

財界は11億円余りを目標に主要企業から寄付を募り、07年９月からの１年半でその目標を５億円強上回る16億６５００万円を集めた。中心になったのは旧市民球場建設の時と同様に「二葉会」のメンバー企業（68年に中国電気工事＝現・中電工＝が加わり計11社）だったが、そのほかにも多数の会社が寄付に応じ、資金を拠出した企業・団体は８００を超えた。前述した「樽募金」の分を合わせると計約18億円が寄付・募金で集まった計算になる。リーマン・ショック後の金融収縮と不況が重なった時期だっただけに好調な資金の集まり方に関係者は驚きを隠せなかった。

ＦＡを認める余裕はなかった

「待ちに待った新球場ができる」。市民も財界も行政も、２００９年春のこけら落としに向けて期待に胸を膨らませていた頃、すべてのカープファンに冷や水を浴びせるような事態が持ち上がった。エース黒田のＦＡ（フリー・エージェント）宣言だった。

「複数年契約する気はない。来年はＦＡもあるし、簡単に複数年ということはない」

こう言って黒田がＦＡ権の行使とカープからの移籍を初めて匂わせたのは２００５年11月。この年、黒田は15勝を挙げ、阪神の下柳剛と並んで最多勝のタイトルを獲得した。ただ、チームは山本浩二監督の下、５月以降早々に失速。最終的に58勝84敗４引き分けの勝率４割５厘、首位阪神から29・５ゲームの大差をつけられて最下位となり、この年限りで「ミスター赤ヘル」は監督の座から退いた。

翌06年5月31日、黒田は１軍登録９年（年間１４５日で1年、当時のルール）の条件を満たし、ＦＡ権を取得。カープ球団は従来、ＦＡ宣言した選手を引き留めなかった。１９９４年の川口和久、99年の江藤智はともに巨人へ去り、２００２年の金本知憲は

「年俸は1000万円減でも構わない。FAの再契約金を100万円でもいいから出して欲しい」と訴えたが、球団は頑なにFA権を行使しての残留を認めず、結局、金本は阪神への移籍を選択した。

広島生まれで高校野球の名門広陵高出身の金本は、故郷のファンに後ろ髪を引かれる思いだった。FAで巨人入りした川口や江藤に対する激しい野次を耳にしていた金本は移籍後の広島での風当たりの厳しさを覚悟していたが、退団の経緯を知るファンは寛大だった。2003年4月1日、阪神の3番レフトとして初めて市民球場の打席に立った金本に対し、右翼側のカープファンからも拍手が起こった。「ブーイングも覚悟しとったからね。ジーンときた……」と試合後の記者の取材で金本は声を詰まらせた。

だが、球団側にも言い分はある。親会社を持たない市民球団にとって、赤字経営は絶対に許されない。株式会社広島東洋カープは資本金3億2400万円、純資産50億3000万円（2015年12月期）。通常、赤字が純資産を食い潰し、勘定がマイナスになれば「債務超過」となり、資金繰りは行き詰まる。カープ球団が末期の近鉄球団と同水準の赤字を出せば、2年も持たずに破綻に追い込まれるのだ。

こんな事情があったからこそ、カープ球団は支出（選手年俸）を増大させるFAを目の敵にしてきた。06年12月期の球団業績をみると、収入（売上高）56億８０００万円に対し、最終利益は１４００万円。損益計算書が明らかにされていないので推定でしかないが、カープ球団は旧市民球場時代、収入を毎年60億円前後とみて、経費の大半を占める選手・スタッフ（監督やコーチ）の年俸を20億円以下に抑える努力をしていたようだ。当時の選手・スタッフは計82人。最高年俸は黒田の２億円だった。ＦＡ権を取得した黒田の獲得に乗り出した阪神は「４年で13億円」を提示すると報じられていた。１年あたりにすると３億２５００万円。ちなみに、日本プロ野球選手会が毎年発表していた選手年俸調査（外国人や監督・コーチなどを除く）によると、06年シーズンのカープ選手（62人）の年俸総額は15億円で12球団中11位（最下位は楽天の14億８９４０億円）。トップの読売巨人（34億５４４６億円）、２位の中日（29億５８９０億円）、３位の阪神（28億９２４０億円）とは倍近く、またはそれ以上の開きがあった。

黒田を感動させたファンの熱意

06年９月７日、練習中に右ひじの違和感を覚えた黒田は、当時の監督マーティー・ブラウンに戦線離脱を直訴した。この時点で13勝６敗、防御率１・86でリーグトップ、投球回数は180回を超えてシーズン通しての規定投球回数（試合数と同じで当時は146回）を上回っていた。カープはすでにペナントレースの優勝争いから脱落していたうえ、セ・リーグにはこの年まで上位3チームが日本シリーズ出場をかけて戦うクライマックスシリーズもなかった。つまり、痛みに耐えて投げ続ける必要はない状況だった。

10月に入ると、各紙は黒田のFA権行使を確実視する記事を相次ぎ掲載。公式戦が残り2試合（いずれも広島市民球場での開催）となった10月13日、黒田は報道陣の取材に対し、14日の対阪神戦、16日の対中日戦のいずれかで中継ぎ登板する可能性を示唆した。「これが（広島での）サヨナラ登板になるのか?」という報道陣の問いかけに黒田は「最後になる可能性はゼロじゃない」と返答。新人時代から11年間応援してくれたファンに最後の勇姿を見せたい。そんな思いが黒田の言葉の端々からにじみ出ていた。

翌14日の広島市民球場は異様な雰囲気に包まれた。黒田の背番号「15」を記入した赤い紙製ボード約6000枚をファンが頭上に掲げ、満員のライトスタンドを真っ赤に染めたのである。そしてスタンド上部に広げた巨大な白地の横断幕には毛筆体の黒と赤の文字でこう記されていた。

我々は共に闘って来た　今までもこれからも……　未来へ輝くその日まで
君が涙を流すなら　君の涙になってやる　Ｃａｒｐのエース　黒田博樹

14日の試合に黒田の登板機会はなく、１日置いて迎えた16日の最終戦、９回２死走者なしの場面で監督のブラウンは動いた。

「ピッチャー永川（勝浩）に代わり黒田」

この場内アナウンスに観客は総立ちになった。一昨日と同じく、この日のスタンドも真っ赤に染まっていた。８月31日以来46日ぶりの登板。スコアは７対５でカープの２点リード。中日の打者はこの年日本ハムから移籍してきた外野手の上田佳範だった。故障上がりとはいえ、黒田の全力投球はいつも通り。３球目に球速１４８キロを出し、最後は１３８キロのフォークボールで空振り三振に仕留めた。その瞬間、１万６４１５人の観客の興奮は最高潮に達し、頭上に掲げる「15」と記した赤いボードが波打つように揺れた。

「ブルペンにいる時から感動しまくっていた。マウンドに上がった時はもう感情が抜け切った後のような感じ。初めての体験だった」

黒田はこの登板のことを振り返ってこんな説明をしている。

黒田と新井、FAを宣言

11月6日、黒田は広島市内のホテルで記者会見を開き、FA権を行使せず、来季も広島に残留すると発表した。8分方固まっていたように見えた移籍の決意を覆したのは10月14、16日の真っ赤に染まった市民球場。会見で黒田は「FAのことを考えると最初にアタマに浮かぶのはいつも同じ光景」と3週間前の出来事を示唆しながら「カープとカープファンを相手に投げる自分の姿は想像できなかった」と言い切った。

球団と合意した契約は4年、年俸は出来高払いを含めて球団史上最高額の総額12億円。カープとしては破格の大盤振る舞いだった。ただ、この黒田の会見から9日後の11月15日、米大リーグのボストン・レッドソックス球団は、日米球界で定めたポスティングシステム（入札制度）により、西武の松坂大輔との独占交渉権を獲得したと発表した。落札額は5111万ドル（当時の為替レートで約60億円）。さらに松坂との契約は、期間6年で年俸総額5200万ドル（約61億円）に膨れ上がった。年齢差（松坂が5歳若い）があるとはいえ、米大リーグのスカウトから「実力は同等以上」と評価された黒田との金額の落差はあまりに大きかった。だが、それだからこそ、金額より気持ちを優先した黒田の清々しさがプロ野球ファンのみならず、多くの日本人の心を揺さぶった。「男気」が黒田の代名詞となったのは、この会見の瞬間からである。

しかし、それでも黒田は翌年、広島を後にした。

2007年のカープは4月末時点で5位と出遅れ、5月攻勢で一時的に3位に浮上したものの勝率5割には達せず、6月以降は下位に低迷したまま、最終的に60勝82敗2引き分けの勝率4割2分3厘（首位巨人と19・5ゲーム差）でシーズンを終えた。黒田自身は12勝8敗と3年連続で2桁勝利を挙げたが、防御率は3・56と1点台だった前年から大幅に悪化。市民球場も〝平常〟に戻り、黒田の本拠地初登板だった4月5日の対横浜戦の観客は1万9339人。広島にとどまったエースを半年ぶりに迎えるにしては寂しいスタンドだった。

この年のオフも広島は全国のプロ野球ファンの注目の的になった。10月18日、黒田はFA権を行使する意向を表明する。前年、球団と4年契約を結んだが、残留条件の中に将来のメジャー挑戦については了承することが織り込まれていた。記者会見で黒田は「国内移籍は100％ない」としたうえで、「このチームで優勝争いの中で投げたいという気持ちが強くなれば（カープに）残ると思う」と苦しい胸の内を明かした。プロの選手なら「一度は優勝したい」と願うのは当たり前。しかし、現状の戦力では上位の優勝争いに加わることさえ覚束ない。国内の他球団でカープを相手に投げることが考えられないのなら、行き先はメジャーしかない。それが黒田の選択だった。

さらに11月8日、カープファンは新たな激震に襲われる。黒田に続き、4番打者の新井貴浩もFA権の行使を宣言したのだ。記者会見で新井は「つらいです。つらいです。カープが大好きなんで……」と目から涙をあふれさせ、「喜んで出て行くのではないことを理解してほしい」と声を振り絞った。黒田も新井も、FA権行使＝移籍というカープの非情の論理に異を唱えながら、一方で球団の苦しい台所事情はイヤでも理解できた。だから心情を吐露する記者会見では感情を抑えられなくなったのだ。11月30日、米大リーグ移籍の決意を正式に記者会見で表明した黒田も「今の自分があるのは球団のおかげ。チームメートやファンにも感謝の気持ちでいっぱい」と語ったところで涙をにじませた。

そして同時にカープ復帰

「残りたいが残れない……」、黒田と新井の涙にはそんな心情がにじんでいた。2007年のカープ選手（63人）の年俸総額は15億7690万円（選手会調査）で、このうち黒田が3億円、新井が1億2300万円。この2人で選手年俸総額の4分の1を占めた。貧乏球団の高給取りは辛い。自分がいるためにチームメートの給与が伸び悩む。観客が頭打ちで増収が難しい以上、報酬は選手同士の奪い合いにならざるを得ないからだ。

黒田の米大リーグ移籍決定が発表される4日前の11月26日、貨物ヤード跡地に建設する新球場の起工式が行われた。だが、完成までにはまだ2年を要し、球団には投打の主軸2人を引き留めるだけの資金はなかった。そして、黒田はロサンゼルス・ドジャースへ、新井は阪神タイガースへと去った。

2015年に黒田が広島に戻ってきたのは偶然ではない。08年からの7シーズンにドジャースとニューヨーク・ヤンキースで計79勝を挙げた黒田に対し、14年のオフ、ドジャースは1600万ドル（当時の為替レートで約19億円）、サンディエゴ・パドレスは1800万ドル（約22億円）を提示して入団を要請した。しかし、「現役の最後はカープの力になりたい」との思いを秘めていた黒田は古巣への復帰の道を選んだ。メジャーでの20億円のオファーに対し、カープでの15年シーズンの年俸は4億円。「5倍の年俸提示を蹴った男」として黒田人気が再び沸騰したのは本章の冒頭に記した通りである。

加えて、移籍した阪神で出場機会が減った新井も、自ら自由契約を申し出て、黒田と同じタイミングで広島へ戻ってきた。FA権を行使して移籍した選手が古巣へ戻る例は日本ではもちろん、米大リーグでもそれほど多くはない。FA宣言に伴う巨額のトレードマネーに対し、洋の東西を問わずファンは不快感を抱くからだ。

8年ぶりに広島に復帰した2人にファンが不快感を抱くはずがない。2人の涙あふれる記者会見をファンは鮮明に記憶していたし、新井の場合は自由契約（事実上の解雇）となったうえでの出戻りであり、15年の年俸は阪神時代の10分の1の2000万円だった。黒田の方も、いまや4億円の契約をしても球団財政を心配する必要はない。2009年4月のマツダスタジアム開業によってカープ球団の業績が飛躍的に高まったからだ。黒田と新井が去った07年12月期の売上高が62億9000万円、最終利益が1700万円だったのに対し、15年12月期の売上高は148億3256万円、最終利益は7億6133万円。売上高は2・4倍、最終利益は45倍にもなっている。

広島人にとってカープは「暮らしの一部」

和製ボール・パークの成功がカープを取り巻くビジネス環境を劇的に改善したのだ。

カープの試合がある日はJR広島駅に行けば一目で分かる。試合開始2時間前くらいからレプリカユニホームを着た老若男女であふれている。駅南口からスタジアムまでを結ぶ800メートルの「カープロード」を進んでいくと、球団カラーを彩ったコンビニエンスストア「赤いローソン」が目に入る。開店は2010年。本来のローソンの店舗は青がメインだが、「たっての要望があり例外的に認めた」(ローソン本社のコミュニケーション本部)。

地元大手書店の廣文館(広島市)は系列19店のカープ関係書籍や雑誌の販売が15年3～6月は前年同期比3倍に急増した。日本郵便中国支社(広島市)が同年7月7日に黒田の広島復帰を記念する切手セット5000部を広島県内と山口県岩国市内で売り出したところ、開店前から行列ができる郵便局が続出し、即日完売となった。切手の図柄は3月29日の復帰後公式戦初登板の黒田の勇姿で、東京都などからも問い合わせが相次いだため、同支社は販売地域を広げ、8月に2万3000部、9月にさらに3000部を追加発売した。

黒田効果だけではない。広島のスーパーの食品売り場に行くと「広島カープ牛乳」(日本酪農協同)、「カープ納豆」(豆紀)、「カープふりかけ」(田中食品)、「カープハイボール」(中国醸造)などカープ関連商品がやたらに目に付く。関西のタイガース関連商品や福岡のホークス関連商品を目にしたことはあるが、広島での「カープ坊や」（1975年に登場した日本のプロ野球界で現存する最古のキャラクター。多くの関連商品のパッケージに描かれている）の目立ち方はその比ではない。

「カープの試合があるから、つらくても生きていこうという気力が湧いてくる」

2014年8月に広島市安佐北区、安佐南区で死者74人を出した大規模土砂災害。発生から1年の軌跡を追った地元テレビ番組での被災者のこんな一言が耳に残る。

広島におけるカープはもはや「ブーム」や「現象」ではなく、「暮らし」の一部となっている。だからこそ、〝公共放送〟ＮＨＫは夕方のローカルニュースで毎日のようにカープ情報を取り上げ、日本テレビ系列の広島テレビ放送は「完全カープ主義」の看板を掲げて巨人戦そっちのけでカープ戦を放送する。15年12月8日、カープ球団が黒田の来季の現役続行が決まったことを発表すると、ＲＣＣ中国放送（ＴＢＳ系列）はテレビのニュース速報でそれを報じ、中国新聞は号外を出した。

広島赴任当初は同業のメディアのこうした動きに違和感を抱いていたが、1年も経たないうちに慣れてしまった。筆者自身が名実ともに広島市民になった証しかもしれない。

第2章　広島とＨＩＲＯＳＨＩＭＡ――「軍都の被爆」がもたらしたもの

〝ひろしま〟の最初の記憶は小学校の授業で原爆を教わった時だったか、それともトランジスタラジオで聴いたナイター中継だったか。

昭和40年代、筆者の生まれ故郷、福岡県北九州市では西鉄ライオンズ戦が雨天中止になると、野球好きの大人たちは２００キロ近く離れた広島のＲＣＣラジオにダイヤルを合わせ、ピーピーガーガーの雑音にひるむことなく、広島カープの試合を聴いていた。安《あ》仁《に》屋《や》宗八《そうはち》、外木場《そとこば》義郎《よしろう》、衣笠祥雄《きぬがささちお》……、珍しい名前の選手が多いチームだなと子供心に思った記憶がある。

吉田拓郎が絶叫した里心

その次は、吉田拓郎だ。

中学に入りたての頃、4つ歳上の兄が毎日毎晩むさぼるように聴いていた「イメージの詩」や「今日までそして明日から」。そして広島を強烈に印象づけたのは「人間なんて」である。

聞いてよ　おいらの話を　ふるさとは愛すべき広島
いつのまにやらひとりきりで　歌をうたっているおいら
ふるさとは愛すべき広島　そこには恋人もいたっけ
いつのまにやら今ここで　歌をうたっているおいら
なにもかも捨ててしまったけれど　好きさ好きさ　あの広島が
ほんとの声を聞かせてよ　君のほんとの声を
人間なんて　ラララ　ラララララ

このフレーズを知らない拓郎ファンも少なくないと思う。なぜならアルバム『人間なんて』（71年リリース）に収録されているショート・バージョンにこれらの歌詞はなく、拓郎がステージで酒をあおりながら絶叫するライブ盤（それも本人の承諾なしにレコード会社が勝手に発売した『たくろうオン・ステージ第二集』という2枚組のアルバム）のロング・バージョンにのみ登場するからだ。

反戦歌や青春ものが主流だった60～70年代のフォーク界にはありえないことだったが、自分の故郷を「愛すべき広島」と讃え、「好きさ好きさ　あの広島が」と里心を臆面もなくぶちまけた。それが得《え》も言われぬほど「カッコよかった」のだ。当時の拓郎はテレビへの出演拒否をはじめ、大人たちが作った既成秩序に反発する「若者のカリスマ」だった。その拓郎がこよなく愛する街、そこに何があるのか、想像は膨らむ一方だった。

福岡県には当時すでに伝説のフォーク喫茶「照和」があり、音楽好きの少年少女たちの間で有名だった。この店のステージからチューリップや海援隊、アンドレ・カンドレ（井上陽水）らが巣立っていったのだが、同じ福岡県でも「照和」があったのは博多（福岡市）で、わが「鉄の町」八幡とは言葉も気質も微妙に違った。

今でこそ博多は「日本のリバプール」などと呼ばれ、気鋭のミュージシャンが輩出した街として持て囃されているが、当時は田舎者丸出しのくせにやたら目立ちたがり屋の若者が屯《たむろ》している印象が強かった。そんな時代に、隣町の広島（というほど近隣ではなかったが）にぶっきらぼうで人見知りも激しそうな拓郎が颯爽と登場したのである。チューリップの財津和夫よりも、海援隊の武田鉄矢よりも、歌声やルックスはもちろん、ステージでの物言いも、ギターの弾き方も、そしてなにより聴く者にぶつけてくる言葉が垢抜けていて「カッコよかった」のだ。

岩国基地から流れてくるアメリカン・ポップス

自分の音楽スタイルについて、アコースティック・ギターとハーモニカの〝弾きがたり〟が「大嫌いだった」と拓郎は語っている。ボブ・ディランを崇拝していることで知られるが、好みのスタイルは弾き語りの「風に吹かれて（Blowin' In The Wind）」ではなく、ザ・バンドを率いて全米をツアーした当時の「天国への扉（Knockin' On Heaven's Door）」あたりだったらしい。

その理由を探っていくと、やはり彼が青春時代を過ごした故郷に行き着く。終戦の翌年、１９４６年4月5日に鹿児島県大口市（現・伊佐市）で生まれた拓郎は小学校3年生の時、母方の親類がいる広島市に越してきた。拓郎サウンドの原点は、その広島に隣接する山口県の米軍岩国基地から発するラジオの中波放送ＦＥＮ（Far East Network、現在の呼称はＡＦＮ＝American Forces Network）で流れていた50～60年代にヒットしたアメリカン・ポップスだったのである。広島商科大学（現在の広島修道大学。キャンパスに拓郎の初期の代表曲「今日までそして明日から」の歌碑が立っている）在学中にバンドを組み、岩国基地のクラブで演奏のアルバイトをしていた。

「ビーチボーイズなんかをやると、白人の兵隊は喜ぶけど、黒人兵は店を出て行く。逆にサム&デイブみたいなナンバーを始めると、出て行った黒人兵がまた戻ってくる。人種問題を肌で感じていた」

本人は後に、こう回顧している。

当時、米大統領リンドン・ジョンソンはベトナム戦争をエスカレートさせつつあった。拓郎が広島商大に入学した65年は米海軍の空母艦載機が大規模な爆撃（いわゆる「北爆」）を開始した年であり、岩国はベトナムへの出撃基地となり、70年のアメリカ独立記念日（7月4日）には黒人兵や反戦兵士による暴動が発生し、営倉などが一時占拠される事件も起こった。確かに拓郎が「肌で感じた」人種の軋轢が存在したのである。

広島に原爆を投下した米軍は終戦直後、岩国飛行場を接収した。52年4月にサンフランシスコ講和条約が発効して日本占領が終了した後も空軍、海軍、海兵隊へと管轄が移り変わりながら米軍基地は存続。一方、日本でも「再軍備」が進み、岩国飛行場は57年から航空自衛隊、67年から海上自衛隊がそれぞれ米軍と共用する基地となった。

軍都として発展

そもそも広島は「軍都」だった。

1871年（明治4年）7月に廃藩置県が実施され「広島県」が誕生した当初、県庁は旧広島城本丸に置かれていたが、12月に鎮西鎮台（熊本）第一分営が発足すると、本丸を陸軍に明け渡し、県庁は三の丸に移転を余儀なくされた。この第一分営は73年に「第五軍管広島鎮台」に昇格し、萩の乱（76年）や西南戦争（77年）にも出動。88年には「第五師団」と名称を改めている。

岩国基地の前身である岩国飛行場は1938年（昭和13年）、大日本帝国海軍の軍用飛行場として建設が始まり、呉鎮守府に所属する練習隊を母体に40年に岩国海軍航空隊が発足した。呉鎮守府は横須賀、佐世保、舞鶴に並ぶ海軍の4大拠点の1つであり、隣接する呉海軍工廠は戦艦「大和」をはじめ数多くの軍用艦を生み出したことで知られる。その呉鎮守府の開庁式は1890年、明治天皇が臨席して行われた。

明治天皇と広島は深い縁がある。1894年8月1日に日清戦争が始まり、広島市南部にある新設の宇品港から大勢の兵士（動員兵力約24万人）や軍需物資が戦地に送られるようになると、明治政府は最前線の指令基地として広島城内本丸に「大本営」の設置を決定。９月15日に明治天皇は広島に移り、伊藤博文首相以下の内閣中枢も同行、10月には第７回帝国議会も広島臨時仮議事堂で開かれた。翌95年４月17日に下関で講和条約が結ばれるのを見届けた後、明治天皇は同27日に東京への帰路に就くのだが、その７カ月半の間、日本の首都機能は広島にあった。

「軍都」の歴史はこれだけではない。太平洋戦争末期の１９４５年（昭和20年）４月、政府は来るべき本土決戦に備えて本土を鈴鹿山系で東西に二分し、西日本には第15方面軍（近畿・中国・四国）や第16方面軍（九州）を傘下に置く「第２総軍司令部」を新設。畑俊六司令官（元帥）率いる司令本部が広島に置かれた。狙いは指揮命令系統の簡素化・迅速化というよりも、米軍上陸を覚悟し、本土を分断された場合を想定してのことであったらしい。

なぜ広島に原爆が落とされたのか

なぜ広島に原爆が落とされたのか。この答えも「軍都」と切り離せない。

45年4月27日、原子爆弾の開発・製造を進めた「マンハッタン計画」の責任者である米陸軍少将レズリー・グローブスが第1回の目標検討委員会を開いた際、原爆投下の候補地となったのは以下の地域である。東京湾、川崎市、横浜市、名古屋市、大阪市、神戸市、京都市、広島市、呉市（広島県）、八幡市（福岡県）、小倉市（同）、下関市（山口県）、山口市、熊本市、福岡市、長崎市、佐世保市。

この中から、5月10〜11日の第2回の検討委で京都市、広島市、横浜市、小倉市の4都市に絞り込まれたが、同28日の第3回の会合では京都市、広島市に新たに浮上した新潟市を加えた3都市が選ばれている。この時点で有力候補地は一に京都、二に広島だった。検討委の議事録には、京都について「100万人が住む工業都市で日本の知的中心地であり、住民は原爆の重大さを正しく認識できる」と記され、会議を主導したグローブスも62年に出版した回顧録で「京都こそ、広島以上に日本の最も重要な軍事目標の1つだと委員会の全員が決めていた」と指摘している。

ところがその後、米政府内に京都投下への反対論が起こる。論者の筆頭は戦前に来日経験がある陸軍長官ヘンリー・スティムソンで「京都投下の無茶な行為で生じる残酷な事態のため戦後長期間、日本人との和解が不可能になり、ロシア人に接近させてしまう」との持論を展開。7月22日、スティムソンはハリー・トルーマン大統領に直談判して京都を除外、同25日に広島、小倉、新潟、長崎のいずれかへの原爆投下がマリアナ諸島テニアンにあったB－29爆撃機部隊に命じられた。そして8月2日になって攻撃日は「6日」、目標は「広島市中心部と工業地域」と定められたのである。

「重要な軍事施設があって周囲に住宅が固まって存在すること」

「これまでの空襲で損傷を受けていないこと」

陸軍少将グローブスが主催した目標検討委員会では原爆投下の候補地としてこんな条件が重視されたと米陸軍航空軍史などに記されている。「住宅が固まって存在すること」をあえて挙げたのは、単に兵器工場を吹き飛ばすだけでなく、周辺の市街地をどの程度の規模で殲滅できるのか、さらにいえば、一般市民を何万人殺傷できるのか、それを見極めたいという軍事戦略上の要請だった。だからこそ、それまでに空襲で破壊されていない〝まっさらな街〟を求めたのである。

軍事施設と住宅が近接する「軍都」としての宿命だったのかもしれないが、当時の広島市の推定人口35万人のうち、8月6日午前8時15分に米軍機B－29「エノラ・ゲイ」が投下した原子爆弾によって7万人が即死、14万人がその年のうちに命を落としたという事実。それのみならず、目標設定段階から一般市民に夥しい犠牲が出ることを意図した米政府の作為は非人道性の極みというほかない。

リーダー不在の地

「軍都」の歴史は原爆投下でピリオドが打たれたわけではない。戦後広島は「平和都市」として生まれ変わったが、その土地柄や人々の気質に「軍都」の爪痕が垣間見える。

例えば、話し合いが行われても反論の応酬で物事がなかなか決まらない。ある論者の説得力のある発言で結論が出そうになると、別の論者が異を唱える。誰も話をまとめて結論を出そうとせず、結局は権威ある「お上」が登場しないと話がまとまらない。

「明治維新後、何もかも軍がやってくれた。戦後の平和都市も行政指導で進められた。広島はリーダー不在の地です」

地元経済界の有力者がため息まじりにこんな解説をしてくれたことがある。

例に挙がったのは遅々として進まないJR広島駅周辺の再開発。1965年に駅ビルが完成して以来、99年に南口前に地元百貨店福屋が入居する地上12階建ての商業ビルが開業した以外は目立ったプロジェクトがなく、人口119万人の都市の表玄関とは言い難い寂しい街並みになっていた。

新幹線改札口に近い北口前にはつい最近まで広大な更地が広がっていた。「二葉の里」と呼ばれる地区で、戦前は陸軍東練兵場（周囲4キロ、敷地面積66ha）があり、戦後は一部を国鉄が借り受け（民営化後にJR西日本が譲り受け）、社宅や病院などの用地に利用していたが、残りは使途が決まらず、とりわけ駅前に広がる約6・8haは「中国地方で最大規模の遊休国有地」と言われてきた。

その広大な更地を管理する財務省中国財務局がようやく再開発に動き出したのは戦後61年が経過した2006年、県と市、一部を所有するJR西日本と共同で協議会を立ち上げて議論を重ねた結果、7年後の13年から順次一般競争入札による売却が始まった。この地に再開発ビルが続々と開業するのは16年。旧東練兵場は帝国陸軍崩壊から70年余りの時を経てようやく生まれ変わろうとしている。これだけの長期間、駅前の一等地が開発から取り残されてきたというのは、行政の無策はもちろんだが、「お上」頼みでリスクを取って動こうとしない地元経済界のパワー不足も否定できない。

広島市内の旧軍用地は「二葉の里」だけではない。原爆で壊滅した中国軍管区司令部のあった広島城の周辺や陸軍西練兵場があった旧広島市民球場など市内には約580ha

の軍用地があった。実にマツダスタジアム約250個分である。

終戦から4年後の1949年、日本国憲法第95条が定める初の住民投票を経て広島平和記念都市建設法が公布・施行され、こうした旧軍用地の無償払い下げが始まった。市民病院や市立高校のほか、69年から78年にかけて旧陸軍病院跡地に建設された「市営基町高層アパート群」(約4600戸)なども同法に基づく国からの無償譲渡によって用地を確保したものだ。中でも「基町高層アパート」は、原爆で家を失った人々が本川沿いにトタンや板ギレで建てたバラック街(通称〝原爆スラム〟)の解消に大きく寄与したことで知られる。広島の戦後復興の方向性を定めた平和記念都市建設法の役割は決して否定されるべきものではない。

ただ、被爆から70年。再開発の停滞が様々な問題を引き起こしていることも見逃せない。古い建物を壊し、新しいビルを次々に建て続けることが正しいといっている訳ではない。市内中心部の八丁堀や紙屋町は爆心地に近く、原爆でほぼ全壊したが、旧日本銀行広島支店や旧帝国銀行広島支店、福屋百貨店八丁堀本店など爆風や火災に耐えた建造物もあり、広島市は「被爆建物」として指定し、市民は保存・継承に尽力している。こうした「平和都市」を理念に据えた街づくりは高く評価されてしかるべきだ。

問題は、財政の限界が顕在化し、民間主導の再開発が主流となる中で、広島では行政も経済界も風向きを読むばかりで誰もリーダーシップを発揮しないため、街づくりそのものが停滞してしまった感があることだ。

中心市街地は賑わっているものの

広島市内最大の繁華街は広島駅から2キロほど西に位置する八丁堀や紙屋町周辺であり、そこを東西に貫く全長577メートル、道幅約10メートルの「本通り商店街」には曜日に関係なく大勢の人々が集まってくる。昨今は県庁所在地クラスの地方都市でも高齢化や郊外型ショッピングセンターの普及拡大で〝シャッター街〟化している商店街が少なくないが、ここ広島の「本通り」は例外だ。目立つのは若い男女や原爆資料館を目指してきたと思われる欧米人、そしてシーズン中にはカープやサンフレッチェの選手も見かける（筆者も平日の夜、マツダスタジアムでの試合を終え食事に行くカープの主砲ブラッド・エルドレッドに「本通り」で遭遇したことがある）。いまや東京都心の駅前でも珍しくないシャッター街を見慣れているため、広島の「本通り」の賑わいにはほんとうに驚いた。しかし、地元をよく知る広島商工会議所幹部によると、「この10年で『本通り』は大きく変わった。古くからの衣料品店や雑貨店、飲食店が姿を消し、ドラッグストアやゲームセンター、携帯ショップがやたら目立つようになった」という。

大型店の集客力にも陰りが見える。広島駅から市中心部に向かう相生《あいおい》通りを東から西へ進むと、手前の八丁堀には広島三越、天満屋八丁堀ビル（旧天満屋八丁堀店。現在はヤマダ電機、ユニクロ、丸善が入居する商業ビル）、福屋八丁堀本店、さらに紙屋町に入るとそごう広島店といった具合に軒を並べているが、この中で最も新しいそごうでも建物の竣工は74年。三越は73年、天満屋は55年、福屋の本館に至っては戦前の38年で爆心地から７１０メートルの猛烈な爆風に耐えた「被爆建物」である。

いずれの大型店も建物の老朽化が目立つが、再開発計画は一向に表面化してこない。地元有力紙の中国新聞が76年から毎年実施している広島市広域商圏調査によると、15年８～９月の調査で市民が最も買い物に利用するエリアはトップが「八丁堀周辺」で２位が「紙屋町周辺」だったが、ともに支持率は下がっている。

繁華街としての人気が下がっているだけでなく、再開発の遅れが致命的になってしまったケースも出てきている。15年10月、八丁堀に隣接する流川町でメイドカフェなどが入居する雑居ビルが全焼し、３人が死亡、３人が重軽傷を負った。この雑居ビルが建てられたのは被爆からわずか3年後の48年（推定）。木造一部軽量鉄骨2階建て、屋内は燃えにくい石膏ボードなどではなく合板が使われていたため、1階の物置部屋から出た火は木製の柱を伝って瞬く間に広がったらしい。

広島最大の歓楽街である流川・薬研堀地区には約３００店の飲食店や風俗店が所狭しとひしめき、かねて火災リスクが指摘されていたが、この雑居ビルのように細かく区割りされ、権利関係も入り組んでいるため、建て替えの合意を取り付けるのは大型店以上に難しい。流川の雑居ビル火災後、広島市が過去に消防法や建築基準法の違反が確認された飲食店や風俗店に緊急査察を行ったところ9割近くが改善されていなかったという。ショッピングとオフィスの街である八丁堀・紙屋町が広島の「昼の顔」なら、飲食店と風俗店が立ち並ぶ流川・薬研堀は「夜の顔」。どちらも半世紀近く表情が変わらない、そんな街なのである。

建物の老朽化や火災リスクの殊更の指摘が誤解を招く可能性もあるので、あえて強調しておくが、市内中心部の古い建物を片端から打ち壊し、新しいビルをドンドン建てていくべきだと言いたい訳ではない。というより、むしろまったく逆で、広島は国内中核都市の随所でお目にかかる「安っぽい近代化」とは無縁であってほしい。

戦前の竣工当時、淡黄色のテラコッタタイルを外壁に貼り、瀟洒で豪華な造りから「白亜の殿堂」と呼ばれた福屋八丁堀本店などは歴とした文化遺産である。この「白亜の殿堂」は、戦時中は建物の大半を軍や政府が占有し、国内各地で空襲が激しさを増してくると、目立たぬように黒褐色のペンキで塗られた。そして原爆の爆風に耐えた後はGHQ（連合国軍最高司令官総司令部）に5年間接収。全館復旧開業したのは終戦から8年後の53年になってからである。

そんな「戦争と平和」の歴史を物語る建物が八丁堀界隈に独特の雰囲気を醸し出している。筆者はこの街並みをこよなく愛しく思う。老朽化については建造物の外観のデザインや配色を従来通りに維持したまま、耐震強化などの対策を実施することが可能だし、火災リスクの克服もスプリンクラー設置や延焼防止機能を持つ内装材を使った改修など、建て替え以外にいくらでも方法はある。ただし、費用はかさむ。そのための資金を捻出することに知恵を絞るべきだと言いたいのだ。

日本一の路面電車網

「大学時代に慣れ親しんだ京都の路面電車に37年ぶりに再会した」

地元メディアの会合などでよく顔を合わせるＮＨＫ広島放送局長の山崎秋一郎さんがある会合で感慨深げにこう語っていたが、同じ思いがある。

ただ、山崎さんと異なるのは、再会したのが京都市電ではなく、西日本鉄道北九州市内線で走っていた路面電車だったこと。子供の頃に慣れ親しんだ、あずき色ときつね色のツートンカラーの電車を40年ぶりに見たときは思わず息を呑むほどの衝撃があった。

広島電鉄（通称「広電」）は市外に延びる宮島線を含む7つの路線で路面電車を運行しており、路線延長（35・1キロ）と輸送人員（1億１３３３万人キロ＝12年度）はともに日本一。そしてもう1つの特徴として、運行を廃止した各地の事業者から電車を譲り受け、走らせていることで知られている。京都市電や西鉄北九州市内線のほか、神戸市電や大阪市電、西鉄福岡市内線などで活躍し、しかも１９４０〜50年代に製造された旧式の路面電車が今も広島市内を走行している。

筆者が勤務する新聞社の広島支局は中区小町にあり、広電宇品線が50メートルほど先の交差点を横切る形で通っている。昼間は自動車の騒音でかき消されがちだが、夜9時を過ぎるあたりから車の通行量が減り、青信号で発車した電車が加速していく音が次第にビル街に響くようになる。石畳の路面に反響する「グウィーン」というモーターの音は懐かしい昭和の空気を運んでくる。

外国人観光客は欧米人が主体

そんなレトロ調から最新鋭の超低床タイプまで、様々な車両が走る路面電車の車内でよく見かけるのは外国人旅行客だ。円安を背景にした「インバウンド旋風」で海外からの観光客が増えているのは広島も同じだが、東京や大阪はじめ他都市と明確に異なる特徴がある。それは欧米人の旅行客が他都市よりも圧倒的に多いことである。

興味深いデータがある。2014年の訪日外国人客は1341万人（前年比29％増、日本政府観光局の集計、観光目的以外の商用客などを含む）で、地域別のシェアは中国、韓国などアジア地域の合計が81％を占め、次いで米国、カナダ、ブラジルなど米州地域が9％、欧州が8％、オセアニアが3％となっている。国籍別で最も多かったのは台湾の283万人で、以下韓国の276万人、中国の241万人と続き、これに香港の93万人を加えた4カ国・地域で訪日客全体の66％に達する。

これに対し、同年の広島市への外国人観光客は約66万人（前年比24％増、広島県調べ）。地域別でトップはアジアの28％だが、2位の米州が26％、3位の欧州が25％とほぼ肩を並べており、次いでオセアニアが15％で続いている。国籍別でみると、トップは米国の約13万人で、２位はオーストラリアの約９万人、アジア勢では３位にようやく台湾の約５万人が登場する。国内全体では66％に達した台湾、韓国、中国、香港の４カ国・地域のシェアは広島市では18％でしかない。

というわけだから、東京・銀座や秋葉原、大阪の難波などで見かけるアジア人の「爆買いツアー」は広島とは無縁である。広電の車内で目立つのは10～20代と思われる欧米人（またはオセアニアや極東ロシアからの旅行客かもしれない）。カジュアルな服装で大きな荷物を背負っている、いわゆる「バックパッカー」の若者たちだ。

彼らのお目当てはというと、まずは原爆ドームや平和記念資料館である。資料館は２０１２年から改装工事中で16年１月現在展示スペースは縮小されているが、そのいささか窮屈な空間に掲げられている被爆直後の市民の写真や遺品などをそんな若者たちが食い入るように見つめている。展示物の前に座り込んで動かない女子学生らしきバックパッカーを見かけたこともある。人類史上初めて戦争で核兵器が使用された広島の街をこの目で確かめようとやって来たに違いない。

「爆買い」の恩恵を受けられない街

当然のことながら、バックパッカーたちはおカネを遣わない。ユースホステルや1泊3000円程度のゲストハウスなどを宿にし、食事もファストフードやお好み焼きなどで済ますことが多い（広島風お好み焼きは野菜と肉、麺がバランス良く入り、しかも1枚500円台からと安いので外国人にも意外に人気がある）。商工会議所などの会合でインバウンドの話題になると「外国人はたくさん来るけど、おカネは落ちないんだよね」という嘆きの言葉をしばしば耳にする。「東京や大阪の『爆買い』が羨ましい」といった小売店経営者の声も少なくない。

実は、そんな広島の小売業界が「爆買いフィーバー」で沸き立ったことがあった。15年8月、上海から乗員乗客約6400人を乗せた大型客船「クァンタム・オブ・ザ・シーズ号」が広島港五日市岸壁に寄港することになり、広島市内中心部の商店街や大型店の関係者は大勢の乗船客を受け入れる準備に走り回った。

16万7800トン、全長348メートル・横幅41メートル、客室は16階構造で、まるで「浮かぶマンション」のような船影。大勢の中国人観光客の到来を見込んで家電量販店は商品に中国語の説明書きをつけ、百貨店はパスポートの読み取り機を導入。ドラッグストアでは店員対象の中国語会話教室まで開く念の入れようだった。

しかし、結果は「見事な空振り」。中国人乗船客の多くは原爆ドームや資料館、宮島などを訪れたものの、買い物に出かけたグループはほとんどなく、広島市内中心部の繁華街は閑散としていた。

無理もない。シーズ号は昼過ぎに入港し、午後7時までに乗船客は船に戻り、その日のうちに出港していった。滞在4～5時間では行く場所は限られる。おまけに中国からの客船は横浜や神戸への寄港も多く、そこから東京や大阪の繁華街へ足を伸ばすのがツアー客のパターンになっているという。どうせショッピングをするなら有名店のある大都市で、と考えるのは洋の東西を問わず旅行客の「常識」であり、あえて広島で買い物をする理由はない。これっきり、「爆買いフィーバー」は沈静化した感がある。

小売業界の方々はさぞや残念だったろうが、広島にとってはこの方が良かったと思う。「爆買い」の客を狙って、大型客船向けに港を浚渫《しゅんせつ》したり、岸壁を拡張したり、団体客用のホテルをつくったりと様々な要望が地元から出ているが、はっきりいってムダだろう。旅の目的地でなく、滞在時間の限られた寄港地である限り、いくら大型客船を呼び込んでも千人単位の乗船客がそろって買い物に繰り出す可能性は極めて低い。

それに中国や台湾などからの「爆買い」もそれほど長くは続かない。バブル期にパリのサントノーレ街で高級ブランド品を買い漁った日本人がやがて目立たなくなったように、海の向こうから大挙してやって来るショッピング・ツアーも時間の経過とともに沈静化していくはずだ。そんな泡沫《うたかた》の「爆買い」を羨ましがる必要はまったくない。「HIROSHIMA」はすでに世界ブランドなのである。「幸か不幸か……」などという枕詞はあえて使わない。世界史に刻まれた「人類最初の被爆地」という事実は消しようがなく、受け入れるしかない。

わざわざ宣伝しなくても、来日する米国人観光客の5人に1人は広島を訪れる（14年の訪日米国人観光客約61万人に対し、広島市を訪れる米国人観光客は約13万人）。ドイツ人に到ってはそれが3人に1人（同約7万2000人に対し、約2万5000人）である。そして70年前の筆舌に尽くしがたい市民の痛みを、程度の差こそあれ、国籍の異なる人々が共有する。それがカナダ人であっても、ロシア人や中国人であろうとも、一度でも原爆ドームや資料館を訪ねたなら、地表が3000〜4000℃に達するほどの熱線を市民に浴びせた理不尽さに思いを馳せるに違いないからだ。

第3章　独立不羈だが天下は取れない——歴史から見る広島人気質

広島を被爆地のイメージだけで語るべきでないのは言うまでもない。６世紀末の推古天皇の時代に創建され、12世紀後半に平清盛が現在の形にしたといわれる厳島神社（宮島）は１９９６年にユネスコが原爆ドームと同時に世界遺産に登録して以来、外国人観光客の超人気スポットになっている。広島から行くにはＪＲ山陽本線や広電の宮島口駅からフェリー（所要時間わずか10分）に乗るのが一般的だが、天気が良ければ宇品の広島港や平和記念公園に近い元安橋の袂《たもと》から出る高速船もお薦めだ。

宇品から宮島に向かう洋上で眺めると、広島の市街地が北側の中国山地から注ぐ太田川のデルタ上にあり（市内は太田川本流、放水路、元安川など6本の川に挟まれている）、南側は瀬戸内海の島々に囲まれ、まさに「水の都」と呼ばれるにふさわしいことが瞬時に理解できる。広島港からは宮島のほか、江田島や四国の松山などを結ぶ高速船やフェリーが就航している。

例えば、広島市内から観光名所になっている江田島の旧海軍兵学校（現在は海上自衛隊幹部候補生学校）に行ってみたいと思ったら、レンタカーを借りて自動車専用道路の「広島呉道路」を走ればいいが、呉市内を経由する陸路の場合、渋滞がなくても約1時間10分を要する（江田島は「島」といっても陸続きで行ける）。

だが、海路を選ぶと、レンタカーは不要で公共交通機関で行ける。瀬戸内海汽船の高速船で広島港〜江田島（小用桟橋）は約20分、広島港までの路面電車（市内中心部から約30分）と小用桟橋から旧海軍兵学校までのバス（約5分）の時間を加えても1時間を切る。実際は乗り換えや接続待ち（高速船は昼間約1時間に1本）でこの通りにはいかないが、瀬戸内の島々を眺めながら、戦国時代にこの海域を制した村上水軍に思いを馳せるのもまた楽しい。

村上水軍の当主・武吉

村上水軍は南北朝から戦国期にかけ瀬戸内海で活動した「海賊」の集団を指す。拠点別に能島（現・愛媛県今治市）、来島（同）、因島（現・広島県尾道市）の3家に分かれるが、歴史上最も有名なのは16世紀に登場した能島村上家の当主・村上武吉（1533～1604年）である。

毛利元就（1497～1571年）が陶晴賢《すえはるかた》（1521～55年、平安期以来の名家大内氏に対して謀反を起こし、旧主・大内義隆を自害に追い込んだ）と中国地方の覇権を争った「厳島合戦」（1555年）に、武吉は舅である来島村上家の当主・村上通康とともに参戦した。毛利・陶両陣営から支援を求められていた武吉はすぐには旗幟を鮮明にせず、散々焦らせた挙句に毛利に加担した。大船200艘余りを率いた村上水軍が厳島（宮島）の対岸にあたる廿日市に駆けつけた際、58歳と当時としては老境に達していた元就は「これで勝てる」と確信したという（城山三郎著『秀吉と武吉』新潮文庫）。

一説には毛利軍3000に対し、陶軍は3万。旧暦10月1日早暁、厳島に陣取った陶軍を毛利軍は二手に分かれて上陸して挟み撃ちにした。10倍の大軍を擁していたうえに折からの前夜の暴風雨で油断のあった陶軍は瞬く間に総崩れになった。この「神の島」を舞台にした戦闘は1日でほぼ決着がつき、敗れた陶晴賢は村上水軍によって海路脱出も封じられ、自刃して果てた。戦いの後、毛利軍は神域付近に転がっていた遺体を残らず収容して対岸に運んで埋葬するとともに、血を吸った土砂をかき集めて搬出し、拝殿や回廊なども洗い清めたという。

奇襲成功の立役者はもちろん村上水軍。毛利軍に合流したのは合戦の2日前、それも元就と武吉の間では「1日だけの援軍」という約束だったとされる。しかし、毛利家を大勝利に導き「中国の覇者」たらしめた功に報いるため、元就は周防屋代島（現在の周防大島）を武吉に恩賞として与えたという記述が「森脇覚書」（江戸時代初期に元就の孫・吉川広家が家臣の森脇春方に命じて書き遺した元就の伝記）にある。このとき、武吉は22歳。生涯200回を超える戦を生き延びた老獪な元就を相手に自ら率いる水軍を安売りせず、待たせるだけ待たせて高く売りつけた才覚は尋常ではない。

ただその後、武吉が一貫して毛利家と運命を共にしたわけではない。臣従せず、あくまで同盟軍という立場で毛利家と付かず離れずの関係を繰り返した。村上水軍にとって最も重要なのは瀬戸内の制海権であり、元就の三男・小早川隆景が率いる「小早川水軍」などが厳島合戦以来、力を増しつつあることを武吉は警戒していたのである。

織田、豊臣とも真っ向勝負

ところが、織田信長（1534〜82年）の登場によって事態は一変する。村上水軍の最大の収益源は「関料《せきりょう》」や「駄別銭《だべっせん》」「帆別銭《ほべちせん》」などと呼ばれた海上通行料だったが、支配地域で関所の撤廃や楽市・楽座を断行し、新しい秩序を確立しようとする信長の「天下統一」は武吉にとって決して容認できないものだった。

１５７６年、中国地方攻略と瀬戸内の制海権を狙う織田軍を共通の敵と捉えた村上三家と毛利家は双方の水軍を結集し、信長に抵抗する石山本願寺への兵糧搬入を計画。迎え撃った織田方の九鬼水軍（伊勢志摩を本拠とする海賊集団）や眞鍋水軍（別名・和泉水軍）などを摂津木津川の大坂湾口で撃破する（第一次木津川口の戦い）。この大勝利で村上・毛利の連合水軍の意気は大いに上がるが、それも長くは続かない。２年後、同じ場所で両軍は相見《あいまみ》え、今度は新造の鉄甲船で繰り出した九鬼水軍に毛利・村上の連合水軍は完膚なきまでに叩き潰されてしまう（第二次木津川口の戦い）。

近畿から瀬戸内にかけての制海権を握った織田軍は石山本願寺を壊滅させる。さらに信長は中国攻めを本格化するが、その途上、京都・本能寺で明智光秀に討たれ、そしてその光秀を山崎の合戦で破った羽柴（後の豊臣）秀吉が天下を統一する。１５８８年、秀吉は「海の大名」ともいえる水軍に対し、武装解除とともに「駄別銭」や「帆別銭」などの徴収を禁じる、いわゆる「海賊禁止令」を発布。だが、武吉は禁止令に屈せず、水軍の旗を降ろさなかった。そのため豊臣政権と敵対する形になり、本拠地の能島を追われ、一時敵対したものの、後に深い信頼関係で結ばれた小早川隆景の庇護を受けながら安芸竹原（現在の広島県竹原市）に逃れる。

秀吉はその後も能島村上家を執拗に追い詰めるが、武吉は筑前名島（現在の福岡市）、豊後蓑島（現・福岡県行橋市）、長門大津（現・山口県長門市）へと逃れ、１５９８年に秀吉が病死した後には竹原に舞い戻るものの、2年後の関ヶ原の戦いで「敗軍の将」となった毛利輝元が勝者の徳川家康によって防長2州に押し込められると、最後はかつて厳島合戦の恩賞として拝領した周防屋代島に逃れ、１６０４年にこの島で生涯を終える。享年81。当時としては珍しい長寿である。

能島、来島、因島の3拠点は、現在は尾道市～今治市59・4キロを10本の橋で結ぶ「しまなみ海道」（正式名称は「西瀬戸自動車道」、２００６年に全線開通）の周辺に位置し、村上一族が割拠した海域や島々を橋の上から眺望することができる。能島や来島は今では愛媛県（伊予）に属するが、村上水軍の中でも能島村上家が本拠地とした芸予諸島とその近海、さらに西方に隣接する蒲刈群島など多くが広島県に含まれる。

これら芸予諸島と蒲刈群島は四季を問わず、美しい景色で旅行者を魅了する。自転車でのんびり回るのもいいが、時間がない人には車をお勧めする。尾道からしまなみ海道を進んで4つ目の島である大三島で降り、同島西岸の宗方港から20分余りフェリーに乗って3つ隣の岡村島まで行くと、蒲刈諸島の5つの島（小さな島まで含めると7つ）がすべて橋で繋がっている（「しまなみ海道」の向こうを張って「とびしま海道」と命名されている）ので、ぐるりと一周できる。道は良く、車も人も少ないから、400年前の海賊を想像するにはうってつけだ。

求めたのは「自由な海」

船で航行すると、この海域が難所だということがよく分かる。例えば、大三島と伯方島の間に「鼻栗瀬戸」と呼ばれる幅わずか300メートルという海峡がある。地図にして俯瞰すると、ヒトの鼻を横から見たように湾曲して見えるのでこう名付けられたらしいが、この海峡は7ノット（時速約13キロ）以上の急流で、まるで川の流れのように感じる。

和田竜著『村上海賊の娘』（新潮社）の冒頭に、武吉との会談のために「鼻栗瀬戸」を通過する乃美宗勝（小早川隆景の側近）ら毛利水軍の船が、主人公である武吉の娘・景《きょう》率いる関船（通行料徴収のための監視船）に瞬く間に追い抜かれる場面があるが、村上水軍の強さはまさに瀬戸内の急流を制していた操船術と厳しい訓練によって裏打ちされた鉄の規律にあった。織豊政権期に日本を訪れたポルトガル人のイエズス会宣教師ルイス・フロイス（1532〜97年）は1586年に芸予諸島近海を航行した際の記録に、この海域を本拠にする「能島殿（武吉のこと）」を「日本中で最高の海賊」と記述している（『フロイス日本史　五畿内篇Ⅲ　信長とその時代』中央公論社）。

村上家は代々伊予の豪族河野氏との結びつきが強かったが、武吉の代には河野氏の勢力は衰え、代わりに安芸吉田（現在の広島県安芸高田市）から発した毛利家に陰に陽に影響を受けた。「厳島合戦」の後、一時能島村上家は毛利家と対立する。毛利と九州豊後の大友義鎮《よししげ》（法号＝宗麟）との争いに際し、元就の度重なる出兵要請を武吉は「病気」を理由に拒否し続けた。1571年6月、その元就が74歳の生涯を終えると、翌7月には三男・小早川隆景率いる毛利水軍が、武吉が本拠を構える能島を包囲する事態にエスカレートした。武吉が大友義鎮、備前の浦上宗景、出雲の尼子勝久らと誼を通じ、「反毛利」勢力に加担しているとの疑念からだった。

このとき、来島、因島の村上両家は毛利陣営に加わっている。武吉が村上三家の結束を反故にしてまで独自路線を貫いたのは巨大化する毛利家に対する警戒心が年々強まる一方だったからだ。

鎌倉幕府の重臣・大江広元の流れを汲む名家ながら、安芸の片田舎の地方領主に過ぎなかった毛利家を権謀術数の限りを尽くして一大勢力へと築き上げたのは「中興の祖」元就である。晩年に差し掛かった頃、長男・隆元が40歳の若さで早逝する不運もあったものの、その隆元の嫡男（元就からみれば嫡孫）の輝元を次男・吉川元春、三男・小早川隆景の「両川」が支える体制は盤石で、元就の死後も勢いは衰えなかった。能島を包囲していた時期、毛利家は、東は備中・備後から西は周防・長門までの10カ国を支配する「中国の覇者」となっていた。おそらく武吉は、巨大化した毛利家が瀬戸内の制海権を握ることで村上水軍の「関料徴収権」が剝奪されることを恐れたに違いない。武吉が何にも増して求めたもの、それは陸の権力者の介入を許さない「自由な海」だったのだ。

アンチ毛利勢力の筆頭格だった大友義鎮は武吉に同盟を持ちかけた際、交換条件として豊後沖でのポルトガル船との自由交易を認めることを提示したともいわれる。ポルトガル人が種子島に鉄砲・硝薬を伝えて四半世紀余り、織田信長が三河・長篠で武田勝頼軍を連続射撃によって壊滅させるのは能島包囲から4年後のことだが、その威力はすでに西日本の大名たちには十分伝わっており、武吉は大いに心を揺さぶられたフシがある。

武吉率いる村上水軍は鉄砲に加えて火鞠《ひまり》、火桶《ひおけ》といった火力を重視し、後年織田軍を撃破した第一次木津川口の戦いでもその効果を存分に発揮している。ただ、2年後の第二次木津川口の戦いでは、信長が建造を命じた鉄甲船とそれに搭載された大鉄砲の威力の前に毛利・村上連合水軍は惨敗。武吉が必死に守ってきた芸予諸島周辺の制海権を失うきっかけになったことはすでに触れた。

毛利にも、織田・豊臣にも臣従しない姿勢を打ち出してきた武吉の晩年は敗者の侘しさがつきまとう。海賊禁止令によって能島を追われた武吉は2人の妻を相次いで失くしたのに加え、「関ヶ原の戦い」(1600年)の際には能島村上家の再興を期し、毛利軍や旧河野家の家臣団とともに東軍の武将、加藤嘉明の本拠地である伊予松前城(現在の愛媛県松前町)の攻略を狙い、兵を進めたが、その途上「三津刈屋口の戦い」(同松山市)で長男・元吉が討ち死にする。

仮に、武吉が覇者への臣従を厭わず、戦国の世で要領よく立ち回っていれば、どうだっただろう。同時代に伊勢志摩で水軍を率いた九鬼一族の例がある。代々伊勢の国司だった北畠家から織田信長、信長が死去するとその次男の織田信雄、さらに信雄を裏切る形で羽柴(豊臣)秀吉へと次々に主人を替え、「関ヶ原の戦い」では父・嘉隆が西軍、次男・守隆が東軍にそれぞれ分かれて戦い、家の存続を図った。
その結果、生き残った守隆は戦後、徳川家康から志摩鳥羽5万6000石を拝領する。その後のお家騒動によって九鬼家は2つに分断され、摂津三田3万6000石と丹波綾部2万石に移封されるが、大名家として幕末維新まで続いた。

現代の広島人にも通じるメンタリティ

村上武吉について論じてきたのは、この不世出の水軍の将の生き方が広島人気質に通じるのではないか、としばしば感じるからだ。権力に媚びず屈せず、孤高を保ち、目先の利益に惑わされない。だが、時に度を越して、それが身の破滅に繋がると分かっていても自らを制止できない。

こうした独立不羈の精神は武吉の生涯のライバルであり、よき理解者でもあった小早川隆景はじめ毛利一族にも通じるものがある。言うまでもなく、264年続いた徳川幕府を薩摩藩とともに倒したのは長州藩である。幕末に数多くの志士が輩出した長州人は今でいうと山口県人になるが、これら長州藩士が安芸吉田から発した毛利家の所縁《ゆかり》のものたちと考えれば広島に結びつく。いやむしろ、馬関海峡を通過する英米オランダ船に砲撃を加えたものの返り討ちに遭って逆に砲台を占領されたり（馬関戦争）、三条実美はじめ尊王攘夷派（長州派）の公卿7人が失脚させられた恨みを晴らすために京都に攻め込んだり（禁門の政変）、こうした幕末の長州人たちの狂気ともいえる暴発の仕方は、秩序を重視し保守性を特徴とする山口の県民性よりも、新しもの好きで見栄っ張り、陽気で過度に楽天的とされる広島の県民性に重なる部分が大きいように思う。

権力に媚びず屈せず、といえば、毛利家自体がそうなのだ。「関ヶ原の戦い」で図らずも西軍の総大将にまつり上げられた毛利輝元は、敗戦後に成立した徳川幕府によって中国10カ国120万石から防長2州（周防・長門）36万石へと大幅な減封を余儀なくされる。その屈辱を生涯忘れなかったであろう輝元は、広島城を追われ、ようやく萩城に居を移した慶長10年（1605年）の正月から、新年の儀式を以下のように改めた。

「殿、本年の東上（倒幕）はいかに」

主席家老がこう問いかけるのに対し、藩主の答えは、

「いまだ時期尚早」

「徳川許すまじ」という怨念を込めたこの儀式は、輝元から下ること13代、まさしく幕府を倒した毛利敬親の代まで延々と繰り返されたとされる。

戦国時代の「中国の覇者」毛利と「日本最大の海賊」能島村上、この両家の有り様が現代の広島人気質に通じるというのは史実からいっても説得力はある。毛利輝元は徳川家康、村上武吉は豊臣秀吉という、それぞれまともに向き合っては勝ち目のない相手に戦いを挑み、その結果、敗北している。

もっとも、「関ヶ原の戦い」の純粋な兵力比較では、家康の嫡男・秀忠が率いる3万8000の東軍が、西軍に与した真田昌幸・幸村親子に信州上田で攪乱されて足止めを食い、関ヶ原の本戦に間に合わなかったこともあり、歴史家の間には西軍有利説が根強くある。明治初期に日本政府が陸軍大学校の戦術教官として招いたドイツ帝国軍人、クレメンス・メッケル（1842～1906年）は「関ヶ原の戦い」の東西両軍の布陣図を見せられた際、即座に「西軍の勝ち」を断言したという。ツルが翼を広げたような「鶴翼の陣」を敷いて東軍を包囲していた西軍は、メッケルが一目で見抜いたように確かに負けるはずはなかった。

結局、天下は取れない……

だが、周知のように、大坂城にとどまった輝元に代わり毛利軍1万5000を率いた養子の毛利秀元は東軍に内通する吉川広家の策略で兵を動かせず、また同じく西軍で1万5000の兵を率いた小早川秀秋（秀吉の正室・寧々の甥、隆景の養嗣子）が激戦の最中に寝返り、一時は敗色濃厚だった東軍に逆転勝利をもたらした。東軍勝利の表向きの立役者は福島正則、黒田長政、細川忠興らだが、実際に徳川の天下をたぐり寄せたのは吉川、小早川の毛利系大名だったというのは歴史の皮肉としか言いようがない。

余談だが、秀元率いる毛利軍は戦闘中に背後に陣取った友軍の長宗我部盛親から再三再四出陣を求められたが、先鋒の広家が動かないため、その度に秀元は「いま兵に弁当を食べさせている」と苦しい釈明をした。このことが後々語り継がれて「宰相殿の空弁当」（秀元の官位は「参議」で唐名にすると「宰相」）という言葉になった。毛利家にとってはこの故事も、屈辱以外の何物でもなかっただろう。

汚名を着せられたのは秀元だけではない。天下分け目の戦いの勝敗を左右する決定的役割を果たした小早川秀秋は後世にわたってその名が「裏切り者」の代名詞となった。さらに吉川広家も「悲劇」に見舞われるが、小早川秀秋の場合ほど単純ではない。

広家本人は「関ヶ原」の戦前から、朝鮮の陣で盟友となった黒田長政を通じて家康に内通し、毛利本家の領土保全を条件に東軍との非戦を約したとされる。だが、戦後この約束は反故にされ、前述のように宗家の輝元は１２０万石から36万石へ所領を３分の１に削られる。実は、輝元に残されたこの防長２州は本来「関ヶ原」の戦功として家康から広家に与えられたものだったが、本人は必死に辞退する。

「輝元が処罰され、自分のみが取り立てられては面目が立たない」

「（将来）千が一万が一、輝元が徳川に対して弓を引くようなことがあれば、たとえ本家といえども、輝元の首を取って差し出す覚悟でございます」

こんな内容の起請文を家康に送り、なんとか毛利本家の滅亡を防いだとされる。

本家思いの広家の涙ぐましいばかりの謙《へりくだ》り様だが、この一連の徳川に対する周旋（根回し）が毛利一族における広家の評価を一段と下げている。つまり、「関ヶ原」の戦後に本家を救ったことよりも、天下分け目の戦いで非戦を貫き、西軍に敗北をもたらしたことで毛利本家を滅亡の瀬戸際に追い込んだ罪を着せられたわけである。仮に「関ヶ原」で勝利していれば、毛利幕府が誕生した可能性は高い。西軍を実質的に率いたのは石田三成だが、名目上の総大将は輝元であり、家格からいっても、近江佐和山19万石の中堅大名だった三成よりも、１２０万石の輝元の方が征夷大将軍にはふさわしいだろう。

結局、広家の陳情が受け入れられ、毛利本家は存続を許されて防長２州が与えられ、広家は代わりに周防岩国6万石の領主となった。「関ヶ原」の翌月、隠居して長男・秀就に家督を譲った輝元はその後も実権を離さず、従兄弟の広家を家臣として扱った。3年後に発足した江戸幕府に岩国6万石を支藩として届け出たが、一方で家康は広家の功績を忘れず、吉川家を大名格で遇し、代々の当主は参勤交代の義務も負った。

村上水軍や毛利一族の興亡を眺めてみると、確かに両者は一時的には勢力を拡大したものの、「天下」を取るまでには至らなかった。村上武吉が手にした「制海権」は瀬戸内に限られたものだったし、毛利家も10カ国を領したとはいえ、所詮は「中国の覇者」で終わった。毛利の最盛期に君臨した元就は隠居に際し、隆元・(吉川)元春・(小早川)隆景の3子に結束を誓わせる「三本の矢」の教えを説いたことで有名だが、もうひとつ「毛利家が10カ国を手に入れることができたのは時の運であり、これ以上(天下を)望むべきではない」と息子たちに言い遺している。いわゆる「天下を競望せず」の論である。自身の死から29年後に起きた「関ヶ原」での一族の愚行の数々が象徴するように、元就は毛利家の力の限界を自覚していたのかもしれない。

安芸国人の性格

鎌倉時代から室町時代の作といわれる『人国記』（岩波文庫版）には、「安芸国」の風土・人柄について以下のように記されている。

安芸の国の風俗は、人の気質実《じつ》多き国風なれども、気自然と狭くして、
我は人の言葉を待ち、人は我を先にせんことを常に風儀として、
人の善を見てもさして褒美せず、
悪を見ても誹《そし》る儀もなく、
唯己々が一分を振舞ふ意地にして抜きんでたる人、
千人に十人とこれ無くして、
世間の嘲哢《ちょうろう》をも厭はざる風儀なり。

現代語訳すると、安芸の人は実が多いが、了見が狭い。自分から先んじて意見を言わず、常に人を先に立てようとするため、出処進退が消極的。良いことをあまり褒めもしないが、悪いことを見てもあまり非難するでもない。自分の領域を守るという気質が強いために本当に秀でた人は千人に十人くらい少なく、他人に嘲笑されることも厭わない。

さらに、現在の広島県東部（福山市、尾道市、三原市など）にあたる「備後国」について「人国記」はこう述べている。

備後の国の風俗は、人の気実儀にして、一度約をしたる事は変改をすること鮮《すくな》し。然れども愚癡《ぐち》なること多き故、不実なる事をも弁《わきま》へずして請け合ひ、終《つい》に悪名を取ること多かるべきなり。

現代語訳では、備後の人は実直で一度約束したことを変えることは少ない。しかし物の道理がわからず愚かなことも多く、間違ったことを請け負って汚名を着ることもある。

「人国記」は鎌倉幕府の5代執権、北条時頼（1227～63年）の作との説もあり、東北以西の66カ国2島（壱岐、対馬）について、人情・気質・風俗などについて論評を加えたもの。国ごとの住人の性質を把握したうえで統治に役立てる狙いがあったと言われ、武田信玄（1521～73年）も愛読していたらしい。基本的に辛口で書かれているので短所の記述が多いのだが、裏返して読むと長所も見えてくる。安芸の人々は他人を押しのけてまで身を立てようとはせず、自らのエリアを守ることに専念するマイペース型が多く、備後の方は自分の評判を犠牲にしても約束を守る律儀な人たちということになる。こうした性質は現代の広島人の気質や企業風土に色濃く反映されている。

海外移住者が最も多い県

一方、「人国記」に記されていない広島人のキャラクターもある。まずは村上武吉とその水軍が体現したような自由奔放な気風。さらに、瀬戸内の海洋性風土がもたらす人々の楽天的で明るい性格である。沿岸地域や島嶼部だけではない。やや内陸に入った広島県五日市町石内村（現・広島市佐伯区）出身の映画監督・新藤兼人（１９１２～２０１２年）も常々「広島は花崗岩の土壌で土の色が白い。だから広島人は根っから明るく、強く、逞しい」と語り、96歳で完成させた自伝的映画『石内尋常高等小学校　花は散れども』の撮影では「雨上がりの後のキラキラ輝く白い土」を求めて広島ロケにこだわったというエピソードがある。

「陽気で楽天的」という特質が最もよく表れているのが、移民の多さである。明治から昭和にかけての海外移住者の出身地を都道府県別に分類すると、広島県は10万９８９３

人で第1位。2位以下は沖縄県（8万9424人）、熊本県（7万6802人）、山口県（5万7837人）、福岡県（5万7684人）と続く（JICA横浜海外移住資料館の収蔵データより、1885～94年と1899～1972年の旅券発行数の累計）。

移住先で特に多かったのはハワイだ。1885年から94年にかけ、当時の日本政府はハワイ王国（93年から共和国）と協約を結び、さとうきびや砂糖の生産に従事する労働者を3年契約で日本からハワイへ送り込んだ。「官約移民」と呼ばれたこれらの移住労働者は10年間で計2万9084人に達し、このうち広島県出身者は1万1122人を占め、やはり第1位になっている。

なぜ、広島からの海外移住者が多かったのか。ひとつには、農耕地面積の割に人口が過密だったことがある。中国山地が海岸線の間近までせり出してきている広島県には農耕地が少ない。総面積が8480㎢の広島県は都道府県別ランキングでは11位で上位に入るが、耕地面積となると577㎢で、全国平均の970㎢を大きく下回り、26位となる。

これに対し、江戸時代からこの地域は人口の多さで知られた。戦国期から「安芸門徒」と呼ばれる熱心な浄土真宗信者が多く、衆生（すべての生き物）の尊さを唱える教えが広がり、堕胎や間引きといった悪習がなかった。家族は多いが、田や畑は少ない。それゆえにこの地域は人口過剰に苦しみ、出稼ぎは日常茶飯事だったのである。

ハワイの日系人社会では広島弁が標準語
今日のホレホレ　つらくはないよ
きのう届いた里だより
故郷出るときゃ１人で来たが
今じゃ子もある孫もある

ハワイハワイと夢みて来たが
流す涙はきびの中
行こうかメリケン帰ろか日本
ここが思案のハワイ国

これはハワイの日本人移民たちが口ずさんだ労働歌「ホレホレ節」の歌詞。広島湾での海苔採り歌や広島県山間部の籾摺《もみす》り歌が元歌ではないかといわれる。

さとうきび畑での炎天下の刈り取り作業など、ハワイでの労働は過酷で劣悪な条件だったにもかかわらず、広島県人はよく働いた。このため「まず広島県人、次には山口県人を」などと出身元を指定する雇い主もいたという。「官約移民」の制度廃止後も移民は増え続け、ハワイの日系人社会では「広島弁が標準語になった」と言われるほどその後も存在感を示した。

こんなエピソードがある。広島県双三郡（現・三次市）に住む50代の夫婦が初めてハワイ旅行をした時のこと。ホノルルから飛行機に乗り目的地のマウイに到着後、夫が記念に搭乗チケットを貰おうと搭乗口で乗務員に半券を切って渡した。その際、「ちぎっちゃったけーのー」と一言。いつも場所を構わず飛び出す夫の広島弁が悩みのタネだった妻は「またか」と眉をひそめたが、その瞬間、満面に笑みをたたえた美人の乗務員から「オー、サンキュー」の言葉が返ってきた。「まさか、広島弁がそのまま通じたの？」と妻は半信半疑だったが、思わずにこやかな会話ができた夫は満足そうだったという（２００３年８月20日付中国新聞投稿記事より）。

第4章　アンデルセンとカルビー――職人肌の経営者たち

「この地方の経営者には欲の少ない人が多いんですよ」

広島県人の気質や特徴について元中国新聞社社長の川本一之さんに話をうかがう機会があり、話題が企業風土に及んだ時、こんな台詞が川本さんの口から出てきた。

まったく同感だ。

この地に赴任して改めて認識したのは、広島発祥の企業のユニークさと、その独特の個性を自分の会社に風土として植えつけた創業者たちの頑固なキャラクターである。洋の東西を問わず、成功した企業の創業物語はたいてい面白いのだが、とりわけ広島の会社の場合には目立つことが1つある。サクセス・ストーリーの中に「えっ、なぜそこでやめちゃうの？」と問い質したくなるような、経営の常識では考えにくい決断がしばしば出てくるのだ。そのストーリーの代表と言えるのが、日本人なら誰でも知っている2

つの広島発企業、アンデルセンとカルビーである。

パン屋のセルフサービスを発明したアンデルセン

アンデルセングループのことは、ほとんどの読者がご存知だろう。

店内を回遊し、「トング」で自分の食べたいパンを挟んでトレイ（盆）に載せ、レジに持って行って代金を支払う。今では、全国各地で普通に見かける「焼きたてパン屋さん」のセルフサービスシステムだが、このスタイルを最初に確立したのは戦後焼け跡の広島から発祥したこの会社である。

２０１５年4月時点で直営店が北海道から九州まで１１８店（ほかに海外で米国に19店、デンマークに2店）、「リトルマーメイド」などＦＣ（フランチャイズ・チェーン）店が３７２店（うち香港、タイなど海外19店）ある。東京のそこらじゅうに店舗があるため、常連のお客さんでも東京を本社と思っている人が少なくないようだが、実は生粋の「広島企業」だ。持ち株会社のアンデルセン・パン生活文化研究所（広島市）の傘下にグループ会社16社が連なり、正社員数は合計約１８００人。15年3月期のグループ売上高は６７６億円に達する。

成長の要因は数多くあるが、中でも中核をなすのは「冷凍パン生地」の技術。これによって、パン生地を工場で集中生産して冷凍し、店ではそれを解凍して発酵させ、焼くだけで済む。つまり「焼きたてパン屋さん」の多店舗展開が可能になったのだ。アンデルセンは試行錯誤を繰り返し、1972年に広範な特許を取得したのだが、創業者の高木俊介（1919〜2001年）は自分の会社が7年がかりでモノにしたこの「冷凍パン生地」の特許を惜しげもなく他社に無償で公開してしまった。

「苦労してつかんだ特許をタダ（無料）で公開するなんてもったいない——。社内はもちろん、漁夫の利を得られるはずの同業者の一部からも、こう言われたものです」

当時の経緯を高木は『日経ビジネス』の巻頭コラム「有訓無訓」でこんなふうに説明している（1998年5月4日号）。

菓子パンの冷凍に四苦八苦

かつてパン職人は一人前の職人になるのに10年はかかると言われていた。最も熟練を要するのは原料の小麦粉にイースト菌、塩などを混ぜ合わせてパン生地を作るミキシングと呼ばれる作業。美味しい焼きたてパンの店を開こうと思うなら最低2、3人の職人が必要とされたのはこの難しい作業のためだった。もしミキシングを終えて冷凍された状態のパン生地を持ち込んで焼くことができるなら、店に熟練職人は不要になる。

高木が冷凍パン生地の研究を始めたのは１９５９年、「伝説のパン職人」と呼ばれた雁瀬大二郎（大阪高島屋製パン工場長、日本パン技術研究所技術部長などを歴任）らと共に出かけた欧米視察がきっかけになった。スウェーデンを訪れた際、スーパーマーケットで地方の小さな業者がパン生地を冷凍しているのを高木はたまたま目にした。理由を尋ねると、冬にパンの生地を屋外に置き忘れて凍らせてしまったのだが、室内に入れたらうまい具合に発酵し、美味しいパンが焼き上がったのだという。

帰国した高木は比治山工場（広島市南区）に2坪（約６・６平方メートル）の冷蔵・冷凍室（マイナス10℃）を設置するとともに、前年の58年に中学を卒業して入社したばかりの城田幸信（後の同社「名誉マイスター」、２０１４年死去）にパンの冷凍技術の習得を命じた。城田が若いながらもパン作りの技術・知識に対する意欲が旺盛だったことを高木は見逃さなかった。とはいえ、あまりの仕事の厳しさに一度は退社を決意した城田を、社長の高木が自ら説得して思いとどまらせた一幕もあったという（一志治夫『アンデルセン物語――食卓に志を運ぶ「パン屋」の誇り』新潮社）。

生きたイースト菌を一度は眠らせ、必要な時に再び活動させる技術は並大抵の努力で実現できる代物ではなかった。特に困難を伴ったのは、日本のパン屋には欠かせない餡《あん》パン、ジャムパン、クリームパンといった菓子パンだった。クロワッサンやロールパンなど欧米のパンは中に何も入っていないため、予備発酵させたパン生地をさらに２～４℃で低温発酵させて熟成し、いったん冷凍保存した後に搬送先の店で解凍するという一連の作業に問題はなかった。ところが、日本独特の菓子パンに入っている餡やジャム、クリームといった具材は解凍に時間を要し、それを待っている間に肝心のパン生地の発酵がどんどん進んでしまう。これが「過発酵」という問題だった。発酵を起こすイースト菌がイースト菌を食べて生地がしぼみ、焼いた時に膨れなくなってしまうのだ。

考えられた解決策は、生地中のイースト菌が発酵しない３～４℃の低温で時間をかけてゆっくり解凍すること。ただ、そうすると「過発酵」は起きないものの、解凍時間を引き延ばすために焼き上げる前日に冷凍庫から出しておかねばならない。これだと、「必要な時に必要な量だけを焼き上げる」という冷凍技術の利点が失われてしまう。結局、発想を転換して餡やジャム、クリームなどの具材の量を減らすことで生地と具材を同じ時間で解凍できるようにした。

タカキベーカリー（アンデルセン・パン生活文化研究所の前身）が「パンの低温製造法」という名称で特許を最初に申請したのは1966年。高木が欧米視察でヒントを得て城田に開発を命じてから7年が経過していた。68年に米カントリーホーム社から冷凍技術を導入して全製品の冷凍パン生地製造に成功。70年には広島県千代田町（現・北広島町）に冷凍パン生地の製造を専門に手がける「千代田工場」を完成させた。そして72年、ついに冷凍パン生地に関する広範な特許を取得するとともに、その冷凍技術を使った焼きたてパンのＦＣ店「リトルマーメイド」の大量出店をスタートさせた。

特許の開放は「市場を育てるため」

「まるでおもちゃのような冷凍庫で研究を始めたが、よくここまで来たと思う」

冷凍パン生地の開発のメドが立った時、高木は感慨深げにこう語っている。

しかし、これほど苦労を重ね、長い年月をかけて取得した特許をなぜあっさりと開放してしまったのか。高木はその理由を2つ挙げている。

「口幅ったいようですが『市場を育てる』ためでした。それまで1、2日前に作られた袋入りのパンしか買えなかったのが、この仕組みを取り入れたパン屋でいつでも焼きたてのパンが手に入るとなれば、消費者はどう反応するでしょう。パンそのものに対する評価が高まり、消費量が膨らむのは間違いありません。ただ、当社は（中略）当時はまだ中国地区を中心とした一地方企業に過ぎませんでした。独自の技術を普及させ、市場全体を広げるには力不足という面があったのです」

さらに高木はこう続ける。

「特許を開放した理由はもう1つありました。深夜・早朝に重労働を強いられてきたパン職人たちの負担を減らしたいということです。私自身、広島でパン屋を創業したころは夜中の2時、3時に起きて職人と一緒にパンを焼いた経験があります。昼間はリヤカーをひいて薪を集めたり、新規顧客の開拓や集金に追われ、日が暮れて店に戻ると、今度は翌日の仕込みが待っている。苦労は身にしみて分かっていましたからね」

冷静に自分の会社の実力を見極める客観性と同業のパン職人たちに対する仲間意識。創業から四半世紀が過ぎていたこの時点でも、高木にとっては会社を大きくしたい、他社に負けたくないという野心よりも「とにかく美味しいものをつくろう。みんなに喜んでもらおう」という初心の方が勝っていた。

だが、高木が堅実で保守的な経営者かというと、決してそうではない。むしろまったく対局の「攻め」に徹した事業家だった。1ドル＝360円という現在からみれば超円安の固定為替レートの時代に、自分だけでなく、従業員を手続きが面倒で費用の嵩む海外研修に次々に送り出していた。欧米のホテルや調理学校に定期的に若手社員を派遣し、パンの製法だけでなく、レストランの料理や接客方法まで学ばせていたのである。

後の「名誉マイスター」城田幸信も、米国に視察に出掛けていた高木から突如国際電話があり、「すぐに来い」と呼び寄せられたことがあった。この時、高木が訪ねていたのは米コネティカット州にあったカントリーホーム社の冷凍パンの先端工場。効率の良い冷凍パン生地の製法を目の当たりにした高木は矢も盾もたまらず、広島に電話を入れた。指名を受けた城田は大急ぎでパスポートを手配し、米国人の家庭教師から3日間英語の集中レッスンを受け、慌しく米国へ旅立った。1968年のことである。

銀行をベーカリー兼レストランに

この前年の1967年には、広島市中心部の本通り商店街にある旧帝国銀行広島支店の建物を高木は即断即決で購入している。1925年2月に完成したルネサンス様式の壮麗な建物で、鉄筋コンクリート構造の2階建て、内部はイタリア大理石を使用した豪華かつ頑丈な造りだった。原爆投下時、爆心地から360メートルの場所にあったこの建物は天井・屋根のかなりの部分が抜け落ち、爆風や火災で宿直行員6人、女性行員12～13人が全員犠牲になった。そんな中で金庫室は倒壊を免れ、米モスラー社製の大金庫は劫火に耐えて現金や帳簿類も無事だった。「原爆に耐えた金庫」として後に米国で話題になったという。

終戦後、この建物は大掛かりな修復工事で甦る。帝国銀行広島支店は54年に三井銀行広島支店に名を変え、62年に数百メートル離れた紙屋町に移転。その後は広島銀行や農林中央金庫広島支所が使用していたが、長くは留まらず、入居者は相次いで入れ替わった。高木はある夜の宴席で付き合いのあった広島銀行の支店長に「今度空くことになったので、お宅で使われたらどうですか」と打診を受けたのである。

「当時、事前に話もなく、夫から『買ったぞ』と言われました。旧帝国銀行のしゃれた建物。『あのビルをどうされるんですか』と聞くと、『君が考えてくれ』と」

創業以来、高木と二人三脚で会社を引っ張ってきた妻の彬子（1925年生まれ）は旧帝銀支店の建物を買ったと夫から聞かされたときのことをこう振り返っている（2013年12月4日付日本経済新聞夕刊「人間発見」）。

この日から、彬子は歴史的建造物の活用法にアタマを悩ませることになる。もともと柱が多く、使い勝手の悪い建物だった。タカキベーカリーの幹部や社員もほとんどが「全部壊して建て直した方がいい」と進言した。ただ、彬子は躊躇した。解体するにしても、人通りの多い本通り商店街の真ん中で削岩機を使い、埃と騒音を撒き散らしながら作業をして周辺に迷惑をかけないだろうか、と。なんといっても被爆に耐えた歴史的価値の高い建物なのである。

迷った挙げ句、彬子は建物を遺し、新店舗として活用することを考え始める。そして、その手本を求めて高木と2人で欧州に視察に出かけた。

訪ねたのはローマ、ミラノ、チューリヒ。特に強い印象を受けたのはローマで立ち寄ったイタリアの大手食品メーカー、モッタ社が経営するバール（カフェ兼レストラン）だった。モッタ社は1919年に菓子職人だったアンジェロ・モッタ（1890〜1957年）がミラノで創業したイタリアを代表する菓子メーカー。高木と彬子が立ち寄ったその老舗企業の直営店は施工から200〜300年は経った石造りの建物で、1階はパネトーネ（イタリア風菓子パン）やアイスクリームを売っているほか、コーヒーやワインの立ち飲みができるバーがあり、2階はレストランになっていた。

ちょうど2人が店を訪れた時、2階のレストランで若者たちが集まってウェディングパーティーを開いている最中だった。古い建物の中で、モダンで斬新な商売が繰り広げられている。高木と彬子にはこの店の光景が実に新鮮に映った。

「古いものを容易に壊してはいけない」

彬子はこの時、旧帝銀支店ビルを遺すことを決めた。加えて「原爆で破壊された建物を生かして素人が一から商売を始めて継続していくこと」が広島の人々に対するメッセージになるとも考えた。ベーカリーとレストランを併設した複合店。モッタ直営のバールのイメージがそのまま新店舗の手本になった。

モッタの店に関してはもう1つエピソードがある。彬子は店内で見たアイスクリームのショーケースが気に入り、帰国後に改めて社員を派遣して2台買い求めた。代金は600万円（日銀によると当時の貨幣価値は現在のほぼ2分の1）。ところが、広島に船便で搬送している段階になって、改装中だった旧帝銀支店ビル内の柱の1つが邪魔をして、予定していたスペースにショーケースが収まらないことが判明する。改修工事を請け負ったのは大成建設広島支店。「こんなにたくさん柱がなくてもいいじゃないですか」と彬子が建築家に問い質すと「柱を1本削ったら地震があった時に耐え得るかどうか分からない」と忠告を受けた。こう言われたら柱は残すしかない。

結局、パンの売り場にショーケースを置くことを断念して洋菓子売り場に回し、パンは木製のラック（棚）にのせ、客が食べたいものをトレイに取ってレジで精算する方式を採用することにした。高木が59年に単独で欧米視察に行った際、メキシコで撮った写真の中にラックに菓子が積まれている工場の風景が映っており、それがヒントになった。開業直前のギリギリの策だったが、これが評判を呼び、前述のように、焼きたてパン屋のセルフサービスシステムとして全国津々浦々に普及するとは誰も想像できなかった。

１９６７年10月21日、旧帝銀支店ビルは「広島アンデルセン」に生まれ変わった。パンや洋菓子、アイスクリーム、果物、ハム・ソーセージなどを販売するほか、軽食も出すカフェや本格的なレストラン、さらに生花店まで併設する斬新な店舗だった。食生活を中心にライフスタイルを提案し、その中でパンを食べる文化を日本に根づかせていく。そんなコンセプトが息づいていた。

アンデルセンとカルビーの不思議な縁

高木と彬子が結婚したのは１９４７年。彬子は終戦の２カ月前、判事の父が勤務していた京城（ソウル）から引き揚げてきた。高木は召集を受け、7年間軍隊生活を送った。中国から南方に転戦し、終戦時はシンガポールに駐在。情報将校だったため戦犯として追及され、一時収容所に入れられたことで、復員は46年秋と遅れた。高木は召集前、大阪の小さな貿易商社に勤務していたが、戦後この会社を訪ねると「仕事がない」と言われ、そこでパン屋の創業を思い立つ。シンガポールで食べたイギリスパンの味が忘れられなかったからではないか、と彬子は後に語っている。

だが、47年当時、戦後の食糧難は続き、広島駅前には闇市が賑わっていた。パンを焼くための原料も窯もなく、仕方なく始めたのが団子《だんご》売り。宇品（現在の広島市南区）に工場を持っていた大和糧食工業という会社が代用食として作る「鉄道草団子」を仕入れ、結婚した翌日から売りに出たと彬子は話している。

「鉄道草」というのはキク科の植物で別名ヒメムカシヨモギ。鉄道線路に沿って群生していたことからこの名がついたらしい。米や麦を精白した際に出る糠《ぬか》や糟《かす》のほか、大豆の搾りかすなどを沈殿させ岩塩状になったものを精製して作った澱粉なども団子のつなぎ材料として使われた。決して美味しいものではなかったが、食糧難の時代には重宝された。終戦の翌年、中国新聞社が歌詞を公募した懸賞企画「歌謡ひろしま」で1等当選した歌に次のような一節がある。

誰がつけたか　あの日から
原子砂漠の　まちの名も
いまは涙の語り草
むかし　よもぎの　ひめばなし
いくさ忘れて　ひめばなし

「むかし　よもぎの　ひめばなし」は言うまでもなく「鉄道草」にかけた言葉。70年間は草木も生えないと言われた被爆地で最も早く生い茂り始めた草であり、それが食用となって広島の人々の空腹を満たしている。作詞者である山本紀代子さんはこの歌について「野菜の入荷が断たれた頃はこの芽を摘んで食料にすることを考え出した。美味しいものではないが、食べられるという親近感は虚脱状態の人心に一種の希望さえ与えた」と語っている。阪神タイガース球団歌「六甲おろし」やドラマ主題歌「君の名は」など生涯5000曲を手がけたといわれる作曲家の古関裕而（1909〜89年）がメロディーをつけ、被爆から1年後の46年8月に「歌謡ひろしま」は発表された。

ところで、彬子が売り歩いていた「鉄道草団子」を製造していた大和糧食工業は49年に分社し、そこから松尾糧食工業が発足する。社長は松尾孝（1912～2003年）。後年、「かっぱえびせん」や「ポテトチップス」などヒット商品を量産して国内有数の菓子メーカーとなるカルビーの前身である。

実家は原爆で全壊

元々、松尾家は楠木町（現在の広島市西区）で羊羹や飴を製造販売する松尾巡角堂を経営していたが、孝が幼少の頃には製粉業や飼料製造を主力にしていた。母と父を若くして相次ぎ亡くした孝は1931年、中学卒業と同時に家業を継ぐが、まもなく戦時統制が始まって原料難となり、事業継続が難しくなる。孝は西条（現在の東広島市）の酒蔵、賀茂鶴酒造から調達した米糠を農家に売ったり、砕米《こごめ》（砕けて粉のようになった米）を糊《のり》に加工して京友禅の染色業者らに販売し、文字通り糊口を凌いだ。

45年7月、33歳になった孝は召集され、翌月6日、福岡県で軍務に就いている時に広島に原爆が落とされた。楠木町の自宅と工場は爆心地から約1・5㌔と決して安全な距離ではなく、建物は全壊。ただ、幸いなことに、妻の寿美子と3男1女は無事だった。

孝の三男・雅彦（1941年生まれ）は当時4歳。「はっきり覚えていて最も古い記憶は、あの8月6日」とインタビューで語っている（2010年4月7日付中国新聞「生きて」）。原爆が炸裂した時、疎開する荷物を積んだ馬車の上に母親と乗っているところだった。道の両側の家屋が爆風によって一瞬で倒壊し、その倒壊家屋に遮られて命拾いしたという。ケガは火の粉でできた軽い火傷だけだったが、「黒い雨」を浴びて髪の毛が抜け落ちた。火災から逃れるために旧太田川に架かる三篠橋の付近から川に入り、夕方まで過ごした。その時の様子を雅彦は「母と一緒に筏《いかだ》につかまっていると、貴重品袋の中の砂糖が溶けて流れていった様子を子供心によく覚えている」と振り返っている。

終戦で孝は広島の焼け跡に戻り、その年の10月には早くも代用食（団子）の製造を開始している。12月には宇品にあった旧陸軍糧秣支廠（兵士の食料や軍馬の餌の保管・製造所）に事業所を移し、様々なツテを頼って団子の材料（サツマイモの澱粉糟や砕米など）のほか、小麦や芋を手に入れてパンや芋菓子、飴を作った。当時、こうした「食品」と呼べるような食べ物は貴重で、作れば作っただけ飛ぶように売れた。当時の食品メーカーは商売というよりも「人々を飢えさせない」という使命感に駆られて仕事に励んでいた。特に市内中心部がことごとく灰燼に帰した広島の企業はそうだった。

　ほどなく、孝は家業の松尾糧食工業所を祇園町（現在の広島市安佐南区）にあった松岡製麦という会社と合併し、大和糧食工業を設立する。当時、松岡製麦は米麦の販売認可を受けており、孝は食品の流通ルートを広げるために合併のパートナーに選んだらしい（広島市南区「美奈美国風土記」）。先に触れたように、アンデルセングループの創業者である高木夫婦が新婚時代に「鉄道草団子」を仕入れていたのがこの合併会社の大和糧食だった。ただ、49年に松岡製麦との合併を解消。大和糧食は分社して松尾糧食工業株式会社が発足する。

　終戦直後の食糧難が解消に向かうと、人々は次に甘いものが欲しくなる。そこに目をつけた孝は事業の主力をキャラメルに据える。松尾糧食発足の翌年50年６月に朝鮮戦争が始まる。あらゆる物資が特需で増産に次ぐ増産となり、日本経済は息を吹き返した。ただ、嗜好品であるキャラメルは増産で競争が一段と激しくなり、松尾糧食は収益を圧迫されるようになる。森永製菓や明治製菓といった全国ブランドに加え、中国地方には各地に飴のメーカーがひしめいていた。１９１２年に山口県島田村（現在の光市）で創業したカンロ飴メーカーの宮本製菓所（60年にカンロに社名変更）や46年に岡山市でキヤラメル・キャンディーの製造を始めたカバヤ食品などだ。

カルシウムとビタミンB_1

1953年6月、九州北部を記録的な豪雨が襲い、福岡、佐賀、熊本、大分の各県で死者・行方不明者約1000人、被災者約100万人という大水害が発生した。この年は9月にも四国、近畿、東海を中心に約500人近い死者・行方不明者を出した台風13号が発生するなど自然災害が相次いでいる。キャラメル市場での競争激化に加え、有力市場だった九州が水害に見舞われたことで松尾糧食は大きな打撃を受け、同年秋には不渡り手形を出して事実上の倒産に追い込まれてしまう。しかし、15歳で家業を継ぎ、戦中戦後の苦境を乗り切ってきた孝はこんなことではヘコまない。「負債は一生かけても返済する」と宣言し、55年にはカルビー製菓と社名を変え、新たなスタートを切った。

「カルビー」の由来はカルシウムの「カル」とビタミンB_1の「ビー」。嗜好品であっても健康に良いものを、との思いが込められており、目先の収益に捉われず原料段階から製品開発にこだわる姿勢はこの会社の理念となる。孝の三男・雅彦はこの時の倒産が「大きな『財産』になった」と指摘している。夢中で走ってきた事業を根本から見直す機会が得られたという点では、孝と会社にとってまさに貴重な試練だったといえる。

新生カルビーを支えたのは新製品「かっぱあられ」である。日本の伝統菓子あられの原料はもっぱら米だが、配給制で値段も高かったため、孝は米国から大量に輸入されていた小麦に目をつけた。小麦粉を蒸しながら練り、餅状になった生地を煎ってあられを作る製法を開発。日本初の小麦あられの量産を可能にした。

「かっぱ」のネーミングは当時、週刊朝日の連載で人気を集めていた風刺漫画「かっぱ天国」から思いついた。作者の清水崑とはたまたま親類の子の同級生の親という縁があり、その繋がりで孝は面会の約束を取りつけた。清水が広島と同じ原爆の被害を受けた長崎市の出身ということもあり、2人は意気投合。「かっぱあられ」のパッケージ用に清水は子供のかっぱのイラストと文字を描いてくれたという。

余談だが、清水が描く「かっぱ天国」は53年の連載開始から大ブームになり、各地に「かっぱキャバレー」「かっぱ饅頭」「かっぱ煎餅」などが登場。カルビーの「かっぱあられ」が誕生した55年には黄桜酒造（現・黄桜）のキャラクターにも採用され、後にテレビCMなどでお茶の間にも登場する。着衣のない女かっぱが時折画面に出てくるこのCMに世の母親たちは眉をひそめていたが、「かっぱっぱ、ルンパッパ……」で始まる楠トシエの「かっぱの唄」（作詞・作曲＝田中正史）とともに視聴者に強烈な印象を残した。74年に清水が死去した後は同じく漫画家の小島功が原画やデザインを引き継いだ。清水の時代のかっぱが登場するCMは今でも黄桜のホームページで閲覧できる。

・

「かっぱえびせん」で求めた広島の味

53年の不渡りという挫折はあったものの、再出発の後の松尾孝が押しも押されもせぬ国内屈指の菓子メーカーを築き上げることができた背景には、素材を活かした風味や食感を出すために、妥協せず、長い時間をかけて取り組む姿勢を一貫して崩さなかったことが挙げられる。55年に売り出した「かっぱあられ」に続くカルビーのヒット製品といえば64年発売の「かっぱえびせん」だが、そこに至るまで9年の月日を費やしている。「えびせん」が登場するまで、カルビーの売上高の6割はまだキャラメルが占めていた。キャラメルは多くのメーカーがひしめき、収益面では苦戦が続いていた。そこから抜け出すには新たな製品開発が不可欠だったわけで、中でも、キャラメルと違ってライバルメーカーに中堅中小が多いあられ市場は狙い目だった。

「えびせん」には、孝の幼少期の思い出が込められている。生まれ育った楠木町は太田川と本川（旧太田川）に挟まれた三角州の一角にあった。子供たちの夏の遊び場は川であり、そこで取る小エビを家に持って帰ると、母親がかき揚げを作ってくれた。

「あの味をあられにできないか」

「かっぱあられ」の発売後、海辺で小エビが干してあるのを見た時に孝はひらめいた。

平たく延ばした煎餅にエビの味をつけた一般的な〝えび煎餅〟は当時も駄菓子屋などで売られていた。それらは乾燥させたエビの粉末を煎餅に加えたものだったが、孝は風味にこだわり、生エビを頭のついた状態で丸ごと使おうとした。

ただ、その鮮度管理が難題だった。三男・雅彦には苦い思い出がある。「えびせん」が市場に出た1964年、大学生だった雅彦は夏休みに帰省し、工場でアルバイトをした。山口県上関の漁港に夕方揚がったエビが宇品の工場に着くのは午後11時頃で、それからエビを塩水で洗って冷蔵庫に入れ、翌日の製造に備えるのだが、ある時、エビの量が多くて冷蔵庫に入らなかったために、雅彦は1つのケースに詰めるエビの量を増やしてなんとか収めた。ところが、当時の冷蔵技術では限界を超えていたため、すべて腐らせてしまった。浅知恵だった、と雅彦は悔やんだ。有頭のエビは劣化が早いのだ。

その後、冷凍技術が急速に進化したため、当初はエビの収穫期に限られていた「えびせん」の生産が通年で行えるようになる。原料にするエビは山口、愛媛、大分県沖の伊予灘、周防灘に限っていたが、1990年代に入ると、海砂の大量採取や漁業者の廃業などで瀬戸内海の漁獲量が激減したため、海外調達を余儀なくされる。最初は中国山東省、次にグリーンランド周辺にも新たな漁場を求めた。基準は「瀬戸内海のエビに近い味」。底引き網で獲ったエビを氷と塩をかけて急速に冷やし、4時間以内に加工工場で冷凍する。「刺し身に並ぶ鮮度」を保つのが「カルビー規格」である(2007年9月12日付中国新聞「現場物語　43年目のかっぱえびせん」)。

藤谷美和子のCMで「ポテトチップス」大ブレーク

本格的に「えびせん」が売れ始めたのは1966年頃からで、爆発的ヒットになったのは68年に「やめられない、とまらない」のテレビCMを始めてからだ。「かっぱあられ」の成功が清水崑のイラストに支えられていたように、カルビーのヒット製品の陰にはしばしば巧妙な広告宣伝がある。

後年の「ポテトチップス」もそうだ。75年の発売当初、売れ行きはパッとしなかったが、翌年、当時13歳の藤谷美和子を起用したテレビCMで火がついた。「100円でカルビーポテトチップスは買えますが、カルビーポテトチップスで１００円は買えません。あしからず」というやつである。１００円という価格が競合製品よりも50円安かったことをアピールする狙いだったが、言い回しの妙が視聴者にウケて「ポテトチップス」の販売が急伸しただけでなく、このＣＭが芸能界デビューだった藤谷は一気に知名度を上げた。しかし、ヒット要因はテレビＣＭだけではない。ＣＭは単なる火付け役で、この製品の真価は「えびせん」と同様に徹底した鮮度管理がもたらしたものだ。

「えびせん」の販売は71年をピークに下降線をたどり、次なる製品として市場に送り出した「仮面ライダースナック」（71年発売）や「サッポロポテト」（72年発売）は順調な売れ行きだったものの、原料となる蒸かしたジャガイモが足りなくなった。そこでカルビーは北海道にマッシュポテト用の工場やジャガイモの貯蔵倉庫を次々に新設するが、75年に「ポテトチップス」を新たに売り出すと、それでも足りなくなり、鹿児島から北海道までジャガイモの収穫期に産地を訪ね、原料確保に躍起になる。ジャガイモの調達に奔走したのは67年に入社した孝の三男・雅彦である。

１９６７年11月、「えびせん」の米国での販売を計画した孝は入社1年目の雅彦を米ニューヨークに派遣する。３カ月前の8月に同地で開かれた国際菓子食品見本市「ファンシーフーズショー」で「えびせん」は好評を得ており、雅彦はさっそく食品卸売大手ローレンツシュナイダー社のトップ、ミルトン・ブラウンを訪ね、「えびせん」の輸出プランを打診する。ところが、ブラウンの答えは「ノー」。ショックを受けた雅彦にブラウンはスナックビジネスの仕組みを半日かけて教えながら、こう諭したという。

「昨日作ったものを今日届けるのがスナック菓子のビジネスだ。船や飛行機で運んで売るものではない」

75年に発売した「ポテトチップス」の売れ行きが芳しくなかった頃、雅彦はブラウンのこの言葉を思い出し、原料のジャガイモの品質へのこだわりを一段と徹底させた。80年に加工用ジャガイモの購入から、貯蔵、さらに加工品の製造、販売まで一貫して手がけるカルビーポテト社を設立。「農工一体」を社是とし、工場の一方的な品質要求を突きつけるのではなく、農家と共に品種改良や栽培法、貯蔵法まで考える。30年後の2010年、同社の契約農家数は北海道から九州まで2500軒、耕作面積は合計6700ha（東京23区で最大の大田区の面積6066haを上回る）に達し、年間22万トンのジャガイモを収穫・加工するまでに成長した。

原料の栽培から関与することで、鮮度管理はもちろん、様々な改良も可能になる。例えば、２００８年から取り組んだ「割れないポテトチップス」。店頭調査でポテトチップスの割れ方に不快、不満足と答えた消費者が多かったことから、工場内の生産工程だけでなく、原料のジャガイモの品質までを対象に改良を検討した結果、傷が少なく、澱粉がしっかり詰まったイモであれば大きさが安定し、生産工程で割れる頻度が減ることが分かった。そこで契約農家と共同で種イモを植える間隔を均一にしたり、土の盛り方を変えたり、栽培法に改善を施したところ均質なジャガイモの収穫割合が高まった。スナック菓子のメーカーがそこまでやるのか、というのが正直な印象である。

経営者の顔が見えない会社

30年以上、企業取材を続けてきた筆者にとって、カルビーというのは実に不思議な会社だった。国内スナック菓子市場で４割のシェアを持ち、社名も製品名も知らない人はいないのに、経営者の顔が見えない。

１つには、長らく同族経営を貫き、株式上場を避けてきたことでマスコミへの露出度が少なかったのが理由だ。同社は１９７３年に本社を東京に移転。87年に創業者の松尾孝が会長に退き、長男の聰が後任社長に就いた。聰は92年に在任５年で社長を退き、後任は末弟の雅彦。次男の康二は毎日新聞社で12年間記者を務めた後、72年にカルビーに入り、専務、副会長、会長を歴任している。

株式上場はいうまでもなく起業家にとって1つの到達点であり、創業以来の苦労が金銭的に報われる機会になる。ただ、そのためには保有株を売却しなければならず、創業者または創業一族の持ち株比率が低下すれば経営に対する影響力は弱まる。さらに、不特定多数の株主の利益に配慮しなければならなくなるため、たとえ社長や会長としてとどまったとしても、経営の裁量の幅は狭まらざるを得ない。雅彦の回顧談によると、孝は自ら社長を退いた後「会社を上場させせないとダメになる」と息子たちに話していたらしいが、自身が引退する気持ちはさっぱりなかったようだ。

こんなエピソードがある。95年にカルビーがマッシュポテトをスティック状にした「じゃがりこ」を売り出したところ、孝は「こんなの売れるわけがない」と酷評した。自分が開発した「えびせん」や「ポテトチップス」の心地よい食感に比べ、がさついた「じゃがりこ」の食感が気に食わなかったらしい。ところが、当初は苦戦したものの、1年後から「じゃがりこ」は売れ始め、後々年間200億円の売り上げを稼ぐカルビーの看板商品の1つになる。社長として陣頭指揮を執った雅彦は「ようやく親父にバカにされることから抜け出せた」と溜飲を下げたが、孝はよほど悔しかったのか「『じゃがりこ』以上のスナックを作ってやる」と宣言。98年の暮れから東京・駒込の自宅の傍に20坪（66㎡）ほどのオフィスを借り、すでに引退していた元専務にスナック製造の試作機を作ってもらって新製品開発に没頭する日々を送るようになる。

99年の夏も終わりかけた頃、雅彦を「駒込研究所」（社内ではこう呼ばれていた）に招き、「こんなんできた。どうだ」と試作品を見せた。皮付きのジャガイモをカットして丁寧にフライにしたスナックで「サクサク」の食感が持ち味。後に北海道限定で発売し、爆発的な売れ行きで話題になった「じゃがポックル」の原型となったものだ。

経営者というよりも、70年を超える菓子作りのプロフェッショナルとしての意地が生み出した〝会心の作〟だった。86歳の孝がその老いた手で作り出した試作品は「光り輝いて見えた」と雅彦は後に語っている。

経営者というより職人

カルビーの松尾孝とアンデルセングループの高木俊介。共通するのは生来の職人気質だけではない。原爆投下後の焼け跡を彷徨った人々の飢えと渇きを満たそうと、必死に食べ物を広島の街に送り届けてきた。その自負と誇りが、２人の生き方に垣間見える。他人に何と言われようが我が道を行く。それが、いかにも広島人らしいと感じるのは筆者だけだろうか。

孝は「じゃがポックル」のヒットをその目で見ることなく、２００３年10月に直腸潰瘍のため東京・目黒の病院で死去する。雅彦はその３年後、カルビーポテト社が防疫検査を受けていない種芋を農家に販売していた不祥事の責任をとって社長を辞任、取締役相談役に退く。折しも、スナック菓子やシリアルの世界市場ではネスレやペプシコなど欧米大手が90年代以降M&A（合併・買収）戦略を絡めた攻勢を強め、カルビーにとっても脅威となりつつあった。08年６月、雅彦は食品関係の勉強会で知り合った伊藤忠商事OBで当時米ジョンソン・エンド・ジョンソン日本法人社長だった松本晃（１９４７年生まれ）を社外取締役に招き、さらに09年６月には会長兼CEO（最高経営責任者）に抜擢した。グローバル化が急ピッチで進む市場環境に対応するのが目的である。

松本は経営トップに着任早々、日産自動車CEOカルロス・ゴーン流の「コミットメント&アカウンタビリティー（約束と結果責任）」を標榜し、営業利益率の改善や財務体質の強化など経営改革を断行。並行して09年７月、雅彦はじめ創業一族を説得してペプシコからの20％の出資受け入れを決め、11年３月には東京証券取引所第１部への株式上場を果たした。カルビーの連結業績を見ると、売上高は松本がＣＥＯに就任する直前の09年３月期の１３７４億円から15年３月期は２２２２億円へ約６割増、営業利益は44億円から２４２億円へ５・５倍に膨らんでいる。松本の改革は社内外で「古い仕組みと悪しき文化の変革」と受け止められ、カルビーは急速に「普通の会社」に変身していった。

カルビー社長を退任した後の雅彦は２つの肩書で新たな活動を始めている。「日本で最も美しい村」連合副会長とスマート・テロワール協会会長である。

「美しい村」は１９８０年代にフランスがフランソワ・ミッテラン政権の下で広域行政区を導入し、伝統的な小さなコミューン（村）を統廃合しようとしたことに対し、「自分たちの村が消滅するかもしれない」と危機感を抱いた64の村が集まり「国に頼らず自立した村づくりをしよう」という運動が発足したのが始まり。現在、「フランスで最も美しい村」連合への参加村は１５０を超え、イタリアやベルギー、カナダなどへも広がっている。雅彦は98年のサッカーＷ杯フランス大会にＪリーグ協賛企業として視察に赴いた際に同協会の存在を知った。過疎を逆手にとり、自然や美しい街並みを残しながら効率的な自治体運営をやろうという発想に共感。日本でも「平成の大合併」と名づけられた市町村合併が進められる中、2005年に北海道美瑛町など7町村が参加してNPO法人「日本で最も美しい村」連合を設立。自身は副会長を引き受けた。16年2月現在、加盟は54町村・地域に広がっている。

「スマート・テロワール」は直訳すれば「賢い自給圏」。雅彦は「農村にこそ日本最後の成長余力がある」という持論を根底に、人口約4300万人を抱える農村部の改革を提言する。水田稲作一辺倒だった従来の「瑞穂の国」幻想から脱却するとともに、耕作放棄地を畑地に変え、大豆や小麦の栽培、牧草地と畜産の並立に舵を切る。域内に加工拠点を設け、生産・加工・消費の循環を確立すれば、女性の雇用創出につながり、人口流出にも歯止めをかけられる。明治維新以来の「重商主義」から、いわば「重農主義」への転換である（松尾雅彦『スマート・テロワール――農村消滅論からの大転換』学芸出版社）。長いものに巻かれず、自らの信念に従い、我が道を行く。孝の座右の銘「一生一研究」は雅彦にも通じるものがある。

第5章　戦艦大和とジェットエンジン――産業集積都市・呉の実力

第3章で触れたように、広島から呉に行くには高速道路やフェリーを利用する方法もあるが、最も一般的なのはＪＲ山陽本線から呉線に乗り入れる直通電車である。昼間に30分間隔で走っている「快速安芸路ライナー」に乗ると、広島から約40分で呉に着く。

市街地の北側にそびえる灰ケ峰（標高７３７メートル）から港を見下ろすと、湾内に林立する広大な工場群が目に入る。高さ50メートルを超えるような大型クレーンが交差する中に建造中の大型船舶が浮かんで見える。山頂付近にたどり着けば、特に夜は工場群の照明が宝石のように輝く眺めが素晴らしく、中国・四国三大夜景のひとつ（他は下関市の火の山、高知市の五台山）に選ばれている。

国内に数ある臨海工業地帯の中でも、ここ呉の大規模工場の集積度合いは指折りだ。かつては造船はじめ軍需産業のイメージが強かったが、終戦から70年、昨今は航空機や自動車、発電用機器など幅広い分野の「モノ造り」の拠点として変貌しつつある。

遣唐使船も建造

「造船の街・呉」の由来はもっぱら1903年（明治36年）に発足した旧海軍工廠《こうしょう》といわれる。しかし、時代を遡れば、奈良・平安期に編纂された「日本書紀」や「続日本紀」に7~8世紀の出来事として、遣唐使船を安芸国で建造したとの記述が頻繁に出てくる。例えば、「日本書紀」では650年（白雉元年）に百済船2隻を安芸国で造船したとの記事があり、「続日本紀」では746年（天平18年）以降5回にわたり、安芸国での遣唐使船の造船を記録している。

また「万葉集」には奈良期に新羅に派遣された使節が「安芸国長門島」で詠んだとされる歌が収録されている（「我が命を長門の島の小松原　幾代を経てか神さび渡る」など8首）。「長門島」は現在の倉橋島桂浜（呉市倉橋町）付近との説が有力。倉橋島は1961年完成の音戸大橋で呉市の本土と〝陸続き〟になり、現在は早瀬大橋（1973年完成）、第二音戸大橋（2013年完成）を合わせて3本の橋で本土と繋がっている。

この島の入江は古くから良港とされ、百済からの渡来人が住み着き、造船の技術を伝えたといわれている。1989年に広島県と市が共催した「海と島の博覧会ひろしま」では、展示物の目玉として奈良・平安期の遣唐使船を実物大（全長25メートル、幅7メートル、60トン）で再現。2つのマスト（高さ17メートルと12メートル）に竹で編んだ「竹網代帆」を張った帆船で、地元倉橋島の船大工や帆職人らが8カ月をかけて建造し、桂浜で進水式を行った後、大阪など各地へ航海した。この再現された遣唐使船は、現在は倉橋町の「長門の造船歴史館」に展示されている。

　南北朝・室町期になると、呉は対岸に浮かぶ倉橋島や能美島、蒲刈群島など瀬戸内の島々と共に周防（山口県東部）の守護大名だった大内氏の分国となった安芸国東西条（酒蔵で有名な西条盆地から黒瀬川を下り、河口に近い阿賀や広、仁方などの沿海部を含む）の一角に組み込まれる。応仁の乱（1467～77年）などをきっかけに室町幕府の衰退が進むと、瀬戸内の治安も乱れ、山本氏や檜垣氏、警固屋《けごや》氏といった「呉衆」と呼ばれる海賊の動きが活発になり、後にこれら呉衆は能美島の能美氏や倉橋・蒲刈群島の多賀谷氏を伴って大内氏の傘下に入り「三ヶ島衆」と呼ばれるようになる。

　大内氏は百済聖明王の子・琳聖太子の子孫と称し、別姓は多々良。平安時代末期以来の周防国の在庁官人（地方官僚）で、9代・大内弘世（1325～80年）が京を模倣した街づくりを山口で行い、15世紀建立の瑠璃光寺五重塔など「大内文化」「山口文化」と呼ばれる独特の文化を興隆させた。

余計なことかもしれないが、山口の人に幕末の長州人の話題を振る時は気をつけた方がいい。「関ヶ原の恨みを晴らした毛利家の執念には恐れ入る」などと手放しで称賛しようものなら「山口は本来毛利ではなく、大内です」と切り返される。この地には「西ノ京」「西京」という別名があるくらい山口の人は大内文化を誇りに思っている。毛利はもともと安芸国吉田の領主であり、大内氏の家臣だったにすぎない。そんな認識なのだ。

浅野藩の船舶建造拠点に

その大内氏が31代・義隆の時に家臣の陶晴賢が謀反を起こし、義隆とその一族が自害して果てたことはすでに述べた。さらに、その陶晴賢を毛利元就が厳島合戦で倒した際、旧大内水軍の主力を成していた前記の「三ヶ島衆」は陶軍に味方するものの、元就の三男・隆景が率いる小早川水軍（猛将・乃美宗勝が有名）に打ち破られ、以後呉は小早川家の領地となる。織豊政権から関ヶ原の戦いに至る過程では、村上水軍との絡みもあり、瀬戸内の勢力図は目まぐるしく変化していく。

江戸期に入り、瀬戸内の水軍も海運も往時の勢いをやや失いはするが、倉橋島は広島藩浅野家の船舶建造拠点となり、元禄・宝永期（1688〜1711年）に造船業の基盤を築いたといわれる。当初は砂浜を利用した造船だったが、天保年間（1830〜44年）に地元の船大工たちが作業の効率を上げるため〝乾式ドック〟を開発。これが生産性を飛躍的に上げた。もちろん、当時のこの国に「ドック」という言葉はない。建造・修理する船を人力で上げ下げするのは大変な労力を要するため、作業場の改良を考えたのが始まりだ。まず、桂浜付近の砂浜を開削して人工的な入り江をつくる。満潮時に浮いた船を入り江に設けた作業場に引き込み、船台に載せ、潮が引いてから仕切りを閉じて海水が入り込まないようにすることで〝乾式ドック〟になる。

こうした工夫が生まれた背景には、当時の船舶の寿命に合わせ、30〜40年周期で繰返される造船業の景気サイクルがあった。藩の記録によれば、元禄16年（1703年）に3000人弱だった倉橋島の人口が文政8年（1825年）には6000人強へと倍増している。大工以外に鍛冶、大鋸《おが》（大木から板を引く縦挽きノコギリ）などの職人が大量に流入したようだ。好況のピークだった文化・文政期（1804〜30年）に倉橋島には40人を超す船大工の棟梁がいた（今でいえば造船会社が40社あった）とされ、「倉橋千軒」と呼ばれて大変な賑わいだったという。だが、文政から天保に元号が変わる頃から造船景気は後退。船大工の棟梁は淘汰されて10人程度に減ってしまう。残った棟梁たちは不況を乗り切るために作業の改良にしのぎを削ることになり、その結果生まれたのが〝乾式ドック〟だったのだ。

米海軍東インド艦隊司令官マシュー・ペリー率いる艦船4隻が相模国浦賀沖に現れたのは1853年。この「黒船到来」以降、幕府の統治は緩み、徳川2代将軍秀忠が慶長14年（1609年）に発令した500石以上の船舶が対象の「大船建造禁止令」はまもなく撤廃される。禁制が解かれた木造の大型西洋船の注文を続々と受けるようになった倉橋島の船大工たちは、ドック改良の資金を得るために、藩主浅野家に共同で融資を申し込んだりしたらしい。

ただ、この造船ラッシュも長くは続かない。1868年に誕生した明治新政府は造船技術の遅れを取り戻すために木造船の建造を禁じ、鋼製の西洋船建造技術の習得を奨励する。しかし、資本不足の小規模事業者が大半だった倉橋島の棟梁たちは木材と大きく異なる鋼材について学ぶ術がなく、ドック改良・建造時の借金返済も迫られて、それどころではなくなっていた。資金難とともに島の造船労働力や技術力は東京、大阪へ流出を始め、1890年頃には廃業したドックが散見されるようになる。そして10年余りのち、倉橋島の船大工たちに代わって主役の座に躍り出てくるのが呉の海軍工廠である。

東洋一の軍港

1886年に呉は第二海軍区の軍港に指定され、89年には鎮守府が置かれることになった。明治政府は、四方を海に囲まれた日本には国防上海軍力の強化が不可欠と判断し、全国に4つの鎮守府（海軍区の防備や艦艇の統率・補給、兵員の訓練などを統轄する軍事拠点）を設置。1901年までに横須賀、呉、佐世保、舞鶴にそれぞれ鎮守府が開庁したが、当初予定されていた室蘭への設置は見送られた。

呉に最初に着目したのは薩摩藩出身の元海軍卿・川村純義（1836～1904年）と言われている。維新後早い時期から海軍整備に力を注いでいた川村は呉に白羽の矢を立てた理由を「湾内が浅すぎず深すぎもせず、湾の入り口が狭すぎもせず広すぎもせず、周囲を山と島に囲まれているため、風波も穏やかである」と述べている。

もうひとり、呉を推挙したのは明治の元勲・伊藤博文（1841～1909年）。「秘書類纂」（伊藤の死後、宮内省に寄贈された重要書類の資料集）によると、「呉鎮守府は瀬戸内海の奥深い場所にあり、防御上優れているので、帝国海軍一の製造所と教育拠点とする場所に適している」と伊藤は考えていた。「海軍一の製造所」は呉海軍工廠として、「教育拠点」は江田島の海軍兵学校として、それぞれ後に実現している。

海軍の主力基地となった呉は急速に発展する。1886年に軍港の指定を受ける以前は半農半漁の寒村に過ぎなかったが、16年後の1902年に市制が施行された際の人口はすでに6万人余りに膨れ上がっていた。翌03年に鎮守府造船廠と造兵廠が合併して海軍工廠に改組されると、呉の工業化・都市化は一段と加速。やがて「東洋一の軍港」と呼ばれるようになる。22年のワシントン海軍軍縮条約（英米：日：仏伊の戦艦・航空母艦などの保有比率を5：3：1・75に定めた）や30年のロンドン海軍軍縮条約（巡洋艦や駆逐艦などの補助艦について日本の保有比率は英米の7割弱に抑えられた）の直後は工廠の操業が落ち込み、人口は横ばいになったものの、41年に太平洋戦争が始まると、隣接の広村や仁方町を併合したこともあり、人口は急伸。43年に呉市の人口は40万4257人となり、全国第7位の規模の大都市になる。

呉で最初に建造された軍艦は「宮古」。全長96メートル、幅10・5メートル、排水量（以下同）1

７７２トンの小型軍艦で１８９４年に呉鎮守府造船部が起工し、98年に進水した。日露戦争（１９０４〜05年）で旅順攻略作戦に参加するが、大連湾で機雷に触れ、沈没してしまう。

03年の海軍工廠発足で建造のピッチは一気に上がる。05年に進水した「筑波」（全長１３７メートル、幅23メートル、１万３７５０トン）は日本最初の純国産巡洋艦であり、その２年後の07年に進水した「安芸」（全長１４７メートル、幅26メートル、２万１０００トン）は呉海軍工廠にとって第１号の戦艦だった。以後、19年に戦艦「長門」（２２５メートル、35メートル、３万９１２０トン）、25年に空母「赤城」（２６１メートル、31メートル、３万６５００トン）、35年に同「蒼龍」（２２８メートル、21メートル、１万５９００トン）、44年に潜水艦「伊号第４００」（１２２メートル、12メートル、３５３０トン）と日本海軍を代表する名艦を次々に世に送り出していくが、なんといっても、脚光を浴びたのは「史上最大の戦艦」として建造された「大和」（２６３メートル、39メートル、６万５０００トン）である。

海軍の中央統轄機関である軍令部が軍用艦船の建造を司る艦政本部に対し、18インチ（46センチ）砲を搭載した超大型戦艦の開発の極秘指令を出したのは１９３４年。ロンドン海軍軍縮条約の失効を１年後に控え、英米との新型戦艦の開発競争を展望したうえでの戦略だった。18インチ砲にこだわったのは、パナマ運河の幅で艦船の規模や搭載砲のサイズが左右される米艦船を凌駕しようという考えだったとされる（宮久保憲治「せとうち海洋交流拠点づくり　呉市海事博物館の建設」参照）。しかしながら、「大和」が就役した41年12月（真珠湾攻撃の8日後の16日）には、海戦の主役がすでに艦上戦闘機と、それを搭載する航空母艦に移っていたことは周知の通りである。

「大和ミュージアム」に活かされた呉の技術力

ただ、明治維新から約70年の短期間で当時「世界一」の艦船を生み出した日本の造船技術の成長は特筆に価する。中でも呉海軍工廠は試作艦や一番艦（同型艦の標準となる最初の戦艦）の開発・製造拠点と位置づけられ、造船部や造機部のほかに、装甲板などの開発・製造を手がける製鋼部、砲身・砲弾を担当する砲熕《ほうこう》部、火薬を担当する火工部、電気部、水雷部などが設けられ、研究所や実験工場といった機能も担っていた。また、大学卒業の技師とは別に、家計の事情などで高等小学校までの教育しか受けていない技術者に対しては、廠内の工員養成所などでの教育に力を入れ、成績優秀者を少人数ながら海外留学させるなど、ハイレベルの熟練工の育成に傾注した。こうして育まれた人材が戦後の「造船王国」を支えることになる。

１９４５年４月７日、「大和」は沖縄方面航空作戦に向かう途上、薩摩半島南西端・坊ノ岬の沖合約２００キロの地点で米軍機動部隊の攻撃を受け、約３０００人の乗組員と共に約３５０メートルの海底に沈んだ。呉市では商工会議所が中心となって２００９年に船体や主砲などの引き揚げを呼びかける実行委員会を立ち上げ、15年には自民党国会議員有志による議員連盟も発足したが、20億円前後とみられる費用や遺族の意思が賛否分かれていることなどがネックになって実現のメドは立っていない。

一方で、２００５年４月に呉市が約60億円を投じて建設した「呉市海事歴史科学館（通称・大和ミュージアム）」はオープン10年で来館者が１０００万人を超え、新たな観光名所として人気を集めている。展示品の目玉は10分の１サイズにミニチュア化した「大和」の模型。10分の１といっても、全長26・３メートル、高さ５・７メートル、重さ30トンで迫力は十分。製作したのは奈良・平安期の遣唐使船建造の流れをくむ倉橋島（呉市音戸町）に本社を置く山本造船である。

同社は１９２９年創業で従業員11人。海上保安庁や海上自衛隊向け艦船を中心に一般貨物船やタンカーなども含め船舶製造・修理を幅広く手がけている。山本一洋社長は２

００１年に3代目として経営を継ぎ、03年に10分の１大和の製作の依頼を受ける。引き受け先がなかなか見つからず、開館まで2年を切っていた時期だったという。わずかに残る設計図や写真などを元にＣＡＤ（コンピューターによる設計）システムなどを駆使して作業を進め、約1年半で作り上げたが、「やっていて何回も『会社がつぶれる』と思いました」と山本は後に振り返っている（２０１０年3月28日付北海道新聞）。

厚さ40㌢の鋼板を精巧に曲げる工法など、現代の職人たちを驚かせる当時の高い技術レベルが10分の１大和の製作を通じて浮き彫りになった。船体の装備を整える艤装《ぎそう》と呼ばれる仕上げ作業は、呉海軍工廠で働いた経験がある棟梁が担当したという。館のオープン2カ月前に完成。元乗組員が製作中の10分の１大和を見て「生きて帰ってきて戦友に申し訳ない」と泣き崩れたことがあった。「その姿を見て最後までやり遂げようと思った」と山本は後の取材で語っている。山本造船はこのプロジェクトを通じてその技術力をアピールし、一躍知名度を上げた。

トヨタも参考にした作業工法

敗戦に伴い、45年10月に呉海軍工廠が、11月に呉鎮守府が、共に廃止された。発足以来、計１３３隻の艦船を建造した海軍工廠の施設・設備は播磨造船所（現・ＩＨＩ）に移譲され、46年４月に「播磨造船所呉船渠《くれせんきょ》」が発足。ＧＨＱの監視下で占領軍の艦艇修理などを引き受けていたが、１９５１年に米海運大手ＮＢＣ（ナショナル・バルク・キャリアーズ）が新工法で大型タンカーを建造することになり、ＮＢＣ呉造船所として再出発する。

ＮＢＣのオーナーは米国の「海運王」と呼ばれ、世界的な大富豪として知られたダニエル・ラドウィック（１８９７～１９９２年）。19歳の時に五大湖周辺でサトウキビの糖蜜や木材などの運送を手がける会社を立ち上げ、成長の基盤を築いたとされるが、一方で禁酒法時代にラム酒（原料はサトウキビの糖蜜）の〝密輸〟で巨万の財を成したというウワサもあった。１９３６年に大手銀行ケミカル・バンク（現・ＪＰモルガン・チェース）から融資を取り付け、貨物船を買い取ってタンカーに改造する事業に成功。第二次世界大戦終了時には米国で５本の指に入るタンカー所有者になった。

そのラドウィックが更なる成長を期して進出したのが呉の造船事業である。40年代に自ら経営するヴァージニアの造船会社でそれまでのリベット工法（金属板に鋲を打ち込み、そのアタマの部分を叩き潰して固定させる工法）から溶接工法への切り替えを成功させたラドウィックは「大和」の建造に携わった優秀な技術者と安価な日本の労働力に目をつけた。ＮＢＣは呉船渠の３つのドックと約２５００台の工作機械を10年後買い戻し特約付きで入手し、自動溶接機など最先端の造船技術を導入していく。

一方で呉船渠（54年に播磨造船所から分離・独立し、株式会社呉造船所となる）側も、船殻（船の骨格と外郭を構成する構造体）や艤装を施す箇所を予め分割しておき、陸上で組み立て・溶接の作業を行ったうえで取り付ける、いわゆる「ブロック工法」によって工期を大幅に短縮してＮＢＣ側を驚かせた。

このブロック工法は「大和」の船殻工場主任を務めた元海軍技術大佐の西島亮二（１９０２〜95年）が工期短縮と工費削減のために編み出したもので、進水前に配管やポンプを取り付ける「早期艤装」などとの合わせ技で「大和」の工期を半年、工費を３割、それぞれ減らしたとされる。西島は材料や部品の規格化を進めることで、作業単位である「工数」を削減したのだが、こうした西島流の効率化志向とＮＢＣが持ち込んだ先端技術の融合、すなわち〝ハイブリッド効果〟が呉の造船合弁事業に大きな成功をもたらした。ちなみに、当時ＮＢＣ呉造船部にはトヨタ自動車の幹部が何度も見学に訪れ、後に「ジャスト・イン・タイム」や「かんばん方式」などの言葉で有名になるトヨタ生産方式に結びつくノウハウを吸収していたといわれる。

呉の造船を体現した男・真藤恒

海軍工廠時代からの呉のモノ造りの流儀とＮＢＣの先端技術を融合した〝ハイブリッド〟造船の強みを最大限に体現したといわれているのが、後に石川島播磨重工業社長になり、続いて日本電信電話公社（電電公社）の最後の総裁を務め、さらに民営化後の日本電信電話（ＮＴＴ）の初代社長に就いた真藤恒（１９１０〜２００３年）である。福岡県久留米市で旧有馬藩の馬術指南役を代々務めた家に生まれた真藤は１９３４年に九州帝国大学工学部造船科を卒業して播磨造船所（後の石川島播磨重工業、現・ＩＨＩ）に入社。終戦の４年後、49年に39歳の若さで技術部長となり、51年にＮＢＣ呉造船部へ日本側の技術責任者として「副社長兼技術部長」の肩書で出向を命じられる。

ＮＢＣ呉造船部は１９５２年11月に進水した「ペトロクレ」を皮切りに当時世界最大級のタンカー（３万８０００トン）を４隻立て続けに建造したのに続き、58年12月には世界初の10万トン級タンカー「ユニバースアポロ」を進水させている。ＮＢＣは当初の契約通り、10年間で日本の事業に区切りをつけ、呉造船部を62年に呉造船所（播磨造船所から54年に分離・独立した会社）に営業譲渡し、さらにこの呉造船所が68年に石川島播磨重工業（60年に播磨造船所と石川島重工業が合併して誕生）に吸収合併される。

石播の造船部門は66年に進水した世界初の20万トン級タンカー「出光丸」（20万9302トン、建造は同社横浜工場）をはじめ、68年には世界初の30万トン級タンカーとなった「ユニバース・アイルランド」（33万1826トン、横浜第二工場）、71年に「日石丸」（37万2698トン、呉工場）、72年に「グロブティック・トーキョー」（48万3664トン、呉工場）、75年に「日精丸」（48万4377トン、呉第一工場）と記録破りの超大型タンカーを次々世に送り出した。

呉造船所は石川島播磨重工業に吸収された後に「呉第一工場」という名称に変わる。「造船王国・日本」は73年のオイル・ショックで大打撃を受け、85年のプラザ合意がもたらした円高でさらに深手を負い、90年代のバブル崩壊で産業構造の抜本的な転換を迫られた。世紀が変わって2002年、IHIは不振が続く船舶海洋事業の分離を決断し、アイ・エイチ・アイマリンユナイテッド（IHIMU）が発足。そのIHIMUが2013年にJFEホールディングス傘下のユニバーサル造船と合併し、ジャパンマリンユナイテッド（JMU）が誕生する。旧海軍工廠の伝統を引き継ぎ、現在の呉で造船事業を手がけるのは「ＪＭＵ呉事業所」ということになる。

90年代以降は航空機事業が活況

相変わらず中韓メーカーとの競争が激しい造船事業に対し、１９９０年代以降、飛躍的に業容を拡大しているのが航空機事業分野だ。ＩＨＩは呉造船所を吸収合併した68年に機械製造部門が管轄する「呉第二工場」を開設。80年に同工場は航空宇宙事業本部に移管され、ジェットエンジン部品の加工を始めた。

同社は米ゼネラル・エレクトリック（ＧＥ）や英ロールス・ロイスなど航空機用エンジンの主要メーカー向けに低圧タービンやシャフトなどを供給。航空・宇宙・防衛部門はいまや連結売上高の３割を占めるＩＨＩの主力部門に育っている。

業容拡大に伴い、協力メーカーの育成にも力を注いできた。航空宇宙事業本部の傘下に入ると同時に「安芸ジェット会」という協力会社組織を設立。精密金属機械加工の森田工業やジェットエンジンのシャフト加工を得意とする広機工（いずれも本社は呉市）など7社が会員となり、技術力向上や設備の改善・増強などできめ細かくコミュニケーションを取っている。こうした協力企業群の存在が呉の航空機産業の裾野を広げている。

そんな「安芸ジェット会」の中で、このところ成長著しい会社のひとつにヒロコージェットテクノロジー（呉市）がある。工業用ドリルや圧縮機（コンプレッサー）の製造から80年代初めに航空機分野に進出した同社はジェットエンジン用フレームやディスクといった部品の製造を手がけている。2015年7月半ばに新工場が完成し、同月内に早くも本格稼働させた。社長の田代博造は「着工して間もない頃に一段の増産強化を決め、さらに建屋を広げることになった」と生産計画の相次ぐ上方修正について語る。

15年7月に建設したのは本社工場（呉市郷原町）から約2キロ離れた苗代工場（同苗代町）の第四工場（平屋建て、延べ床面積約2800㎡）。2007年に開設した第三工場に隣接する形で、中小型部品加工用の工作機械を移設・新設して量産体制を敷いている。第三工場は14年初めに建屋を1・5倍に増設したばかりだったが、それでもスペースが足りなくなったため、第四工場の建設を決断した。

「需要拡大の転機は2011年の中国の5カ年計画発表だった」と田代は振り返る。11～15年に中国国内の航空旅客数を10年比7割増の4億5000万人にするため、中国政府は新たに45カ所の空港を作り、航空機を1900機増やすという内容だった。当初、この中国の5カ年計画について田代は半信半疑だったが、翌12年に米ボーイングが20

３１年までに世界で新たな航空機需要が3万４０００機、金額ベースで4兆５０００億ドル《ドル》（当時の為替レートで約３５３兆円）に達するという予測データを公表したことで「これはホンモノだ」と感じた。その後、ＩＨＩや三菱重工業、川崎重工業など航空機部品を手がける大手メーカーが一斉に設備投資に踏み切り、さらにヒロコーなどの協力会社にも好況の波が広がってきたのである。

ヒロコーの創業は１９５６年。戦前呉市にあった工業用ドリルの有力メーカー「守安ドリル」が財閥解体のあおりで倒産。元は公務員だった祖父が呉市天応にあった会社や工場を従業員ごと競売で買い取り「広島工具製作所」として新しい会社を発足させた。これがヒロコーの前身である。航空機分野に進出したのは81年。コンプレッサー部品を供給していたＩＨＩから「民間（航空）機を一緒にやろう」と声をかけられたのがきっかけだった。

89年に航空機エンジンを手がける英ロールス・ロイスの認定工場指定を受けた後、98年に現社名「ヒロコージェットテクノロジー」に変更。売上高は２０１１年以降の５年間で倍増する勢いで従業員も毎年20人前後増えている。「世界の航空機産業界で高精度の加工技術を持つ日本の部品メーカーへの信頼度が格段に上がっている」と田代は話す。

実際、欧州の有力メーカーから「力を貸して欲しい」と声をかけられたこともあったが、フル操業中で余裕がなく断らざるを得なかったという。

「MRJ（ミツビシ・リージョナル・ジェット）の初飛行に比べ全く騒がれなかったが、我々は『やったな』と大いに意気が上がった」

2015年12月初め、IHI航空宇宙事業本部呉第二工場（広島県呉市）で夏明正伸工場長は、欧州エアバスが11月末に新型の小型旅客機「A320neo」の型式証明を米連邦航空局と欧州航空安全庁から取得したと発表したことについて、こう言いながら笑顔を見せた。

エアバスのエンジン製造を担う

機体引き渡しが始まった「A320neo」は世界で400機以上の受注があり、IHIは2種類用意されているエンジンのうちの1つ、米プラット&ホイットニー（P&W）製「PW1100G-JM」の開発パートナーになっている。呉第二工場は同エンジンの量産対応で一段と忙しさが増すことになる。

地元以外ではあまり知られていないが、戦前の呉市には2つの海軍工廠があった。

「戦艦大和」の建造で誰もが知る「呉海軍工廠」と航空機や油圧ポンプなどを製造した「広海軍工廠」である。このうち広海軍工廠から１９４１年に航空機部門が独立し「第11海軍航空廠」が発足。艦上爆撃機「彗星《すいせい》」などを生産したが、45年５～６月の空襲で広工廠も11航空廠も壊滅状態になり、呉の航空機産業の歴史はここで一度途絶えている。

戦後も長く造船のイメージが強かった呉で航空機産業が復活したのは大空襲から35年後の80年。前述のように、石川島播磨重工業は建設機械など大型機械類を手がけていた呉第二工場を航空宇宙事業本部に移管し、ジェットエンジン部品の加工を開始したのである。80年代末から量産が始まった日米欧５カ国共同開発の小型旅客機用エンジン「Ｖ２５００」の大ヒットとともに呉第二工場も能力増強が相次ぎ、いまや国内有数の航空機用部品の生産拠点となっている。

呉や広の海軍工廠の跡地の払い下げが本格化したのは終戦５年後の50年に旧軍港市転換法（旧軍転法）が施行されてから。呉工廠跡地に51年に日亜製鋼（現・日新製鋼）が進出し、62年に高炉を稼働させ呉製鉄所が発足したほか、日立製作所が59年に操業を始めた呉分工場は65年にバブコック日立呉工場となり、２０１４年には三菱日立パワーシステムズ呉工場と名を変え、発電用ボイラーなどを製造している。

一方、広地区では、軍転法施行に伴う呉市の企業誘致第1号として東洋パルプ（現・王子製紙）が、51年に先に紹介した11航空廠の跡地で操業開始。紙パルプ業界の度重なる再編を経て、現在は王子マテリア呉工場として高品質クラフト紙などを製造している。

航空廠の名残をとどめるのは住友重機械工業系の新日本造機呉製作所。前身の広造機は52年に航空機エンジンと構造が似ている蒸気タービンの製造を開始。59年には工廠跡地約6万㎡の土地や設備の払い下げを受け、旧航空廠の技術者らを採用して船舶用ポンプなどに事業領域を広げた。

呉と広の海軍工廠跡地に進出した企業のうち、IHI、日新製鋼、淀川製鋼所、三菱日立パワーシステムズ、王子マテリア、新日本造機、中国工業、寿工業の総務部課長クラスが月1回会合を開いている。名称は「8社がメンバーなのに『七社会』」（IHI呉事業所総務部の松村忠部長）。地元経済界との交流などを通じ、呉に根を張る〝モノ造りのDNA〟の伝承に力を注いでいる。

第６章　１番ピンを狙え！――「弱者」マツダのモノ造り戦略

２０１５年10月28日、翌日開幕する「東京モーターショー」の報道陣向け内覧会が開かれた。２年に一度の自動車メーカーのお祭り。トヨタ自動車は世界初公開となる燃料電池車（ＦＣＶ）のコンセプト車「ＦＣＶプラス」を出展し、日産自動車は２０２０年以降の自動運転車をイメージした「ニッサンＩＤＳコンセプト」を発表。加えて、ディーゼルエンジン車で排ガス規制逃れが発覚し世界中の批判を浴びていた独フォルクスワーゲン（ＶＷ）は乗用車部門ＣＥＯ（最高経営責任者）ヘルベルト・ディースが会場で記者会見し「過ちをお詫びしたい」と率直に謝罪した。

そんな話題満載の中、詰めかけた報道陣の最も熱い視線を浴びたのは、実はマツダだった。記者発表会の冒頭、１９６７年に同社が世界で初めて量産化に成功し、２０１２年を最後に生産が途絶えていたロータリーエンジンの「復活」を宣言したのである。

「私たちの将来の夢を形にした」

社長の小飼雅道が披露したロータリーエンジン搭載のコンセプト車「RX－VISION」。周囲には黒山の人だかりが出来た。

「ハリウッドスターの登場待ちかと錯覚するくらい」

「会場は定員200％以上といった雰囲気だった」

11月下旬発売の16年1月号で「永久不滅ロータリー！　ROTARY ROCKET RETURNS‼」を巻頭特集した自動車マニア向け雑誌『car MAGAZINE』はその時の会場の様子をこんな風に伝えている。自分たちが多くのクルマ好きを興奮させるメーカーであることをマツダはこの日、日本中に見せつけたのだ。

ロータリーエンジンに社運を賭ける

なぜ、ロータリーエンジンがこれほど日本のカーマニアを興奮させるのか。

通常のレシプロエンジンはピストンがシリンダー（気筒）内で往復運動をして出力を発揮するのに対し、ロータリーエンジンはその名の通り、シリンダーの中で三角形のおむすび型のローター（回転子）を回転させ、吸気、圧縮、爆発、排気の工程を繰り返して動力を生み出す仕組み。小型で振動が少なく高出力が得られるのが特長だ。レシプロエンジンに比べて「小型」「軽量」「高出力」、さらに「低騒音」「低振動」といった優位性があったのだが、一方で「熱効率」が低く「燃費」が悪いという欠点があった。

そもそもロータリーエンジンを考案したのはドイツの工学博士フェリックス・バンケル（1902〜88年）である。第二次大戦中に航空機や魚雷のロータリーバルブ（弁）の開発に取り組んでいたバンケルは戦後、二輪車メーカーのNSU（旧ネッカーズルム編機、後にVW傘下に入り、アウディに吸収合併）の協力を得て、17歳の時に夢見た〝連続回転内燃機関〟（ロータリーエンジンの原理）の実現に取り組んだ。

59年にバンケルは軌道回転型エンジン（KKM、別名バンケル型ロータリーエンジン）の完成を発表。64年にはNSUが世界初のロータリーエンジン搭載の市販車「バンケルスパイダー」を、67年にはその後継車となる「Ro80」を相次ぎ発売する。だが、NSUは回転するローターの衝撃でシリンダーが磨耗する弱点を克服できず、とりわけローターの頂点に嵌め込む形で取り付けられているアペックスシールの共振作用により気筒の内壁に波状の磨耗痕が残る「チャターマーク」（初期のロータリーエンジンに頻発したことから研究者たちは〝悪魔の爪痕〟と呼んだ）のトラブルが頻発。エンジン交換を迫られる事例が続発したＮＳＵは業績が急激に悪化し、69年にＶＷの傘下入りを余儀なくされる。

「バンケルスパイダー」は67年までに２３７５台が販売され、「Ｒｏ80」はＮＳＵを吸収合併したアウディが製造を引き継ぎ、77年までに３万７３９８台を売った。このうち「Ｒｏ80」は小型で高出力というロータリーエンジンの特長を生かしたスリムなデザインが高評価を受け、68年にヨーロッパ・カー・オブ・ザ・イヤーを獲得している。

東洋工業（84年にマツダに社名変更）がロータリーエンジンの開発をスタートさせたのは１９６１年にＮＳＵ、バンケル社（前身はバンケルが設立した技術研究所）と技術提携してからである。東洋工業はその前年60年に初の軽乗用車「Ｒ３６０クーペ」を発売したばかり。それまでは戦前から手がけていた「バタンコ」と呼ばれた三輪トラックのトップメーカーに過ぎなかった。当時の社長、松田恒次（１８９５〜１９７０年、創業者松田重次郎の長男）は三輪自動車から軽乗用車、さらに大衆車のメーカーへと会社を発展させていく「ピラミッド・ビジョン」を打ち出し、その実現に向けて〝幻のエンジン〟といわれたロータリーエンジンを会社飛躍の起爆剤にしようと考えたのだった。

59年にバンケル型ロータリーエンジンの開発を発表した後、ＮＳＵには世界各国の約

100社から提携の申し込みが殺到し、このうち34社が日本企業だった。東洋工業が当初劣勢を強いられたことは想像に難くないが、行動は素早かった。東洋工業は60年9月から10月にかけ、社長の恒次を団長に立て西ドイツに交渉団を派遣。恒次はこの時、旅行鞄に元首相吉田茂（1878〜1967年）から当時の西独首相コンラート・アデナウアー（1876〜1967年）に宛てた親書を忍ばせていた。メインバンクだった住友銀行の頭取堀田庄三を通じて入手したもので、政財界のあらゆる人脈を使って〝幻のエンジン〟にアプローチした恒次の執念はその後も語り草になっている。

取引先を前に社長が大演説

ドイツ南部バーデン＝ヴュルテンベルグ州ネッカーズルムにあるNSU本社を訪ね、新エンジンを搭載した試作車にも乗せてもらった恒次は振動の少なさやエンジンの静かさに感動した。社運を賭す決意を新たにして交渉を進め、滞在中にロータリーエンジンの基本特許導入に関する仮契約に調印。翌61年7月に技術提携の本契約に漕ぎ着けた。

ただ、新エンジン搭載車に試乗し「完成間近」を予感した恒次の思いとは裏腹にバンケル型ロータリーエンジンはまだ開発初期段階にあった。技術提携の本契約締結から4

カ月後の61年11月、NSUから取り寄せた設計図面を元に製作した400cc1ロータリーエンジンの試作第1号が完成。幹部や技術陣が見守る中で行った試運転は惨憺たる結果に終わる。当時の状況を社史（『東洋工業五十年史』1972年発行）はこう記す。

「注目のうちに試運転がおこなわれたが、もうもうたる白煙と常識を絶するオイル消費、低速時の力不足、アイドリング時にはげしい振動、そして200時間運転後には突然出力が低下した」

後にNSUを経営危機に追い込んだ「チャターマーク」発生の様子が詳述されている。この〝悪魔の爪痕〟を克服しない限り、ロータリーエンジンの実用化の道が開けないばかりでなく、東洋工業の未来も危うい。そのことを意識した恒次は63年4月、技術陣の精鋭を集めて「ロータリーエンジン研究部（RE研究部）」を立ち上げ、部長に大衆車「ファミリア」の開発チームで4気筒エンジンを手がけていた設計部次長、山本健一（1922年生まれ、後のマツダ社長）を抜擢した。山本は44年に東京帝国大学第一工学部機械工学科を繰り上げ卒業して戦闘機「紫電改」などを開発した川西航空機に入社、その後海軍第一航空廠（茨城・土浦）に配属され、海軍技術中尉で終戦を迎えた。復員して広島の実家に戻った山本が東洋工業に入社したのは46年2月である。

ＲＥ研究部に配属された技術者が47人だったことから後に彼らは「ロータリーの四十七士」と呼ばれるようになるのだが、発足当初は部長の山本自身が「社長の道楽になんかつきあえるか」と心中反発するほど部員の士気は低かった。

「恒次さんを信頼していたのに左遷されたと思った。出来もしないことをやれ、と言うのだから。せめて看板ぐらいＲＥ研究部でなく、技術研究所にしてくれませんか、と頼んだら、それも断られた。『看板が大事なんじゃ』」

当時の心境を山本はこう振り返る（２００５年11月８日付中国新聞「わが日々」）。

ロータリーエンジンを巡る淀んだ空気を吹き飛ばしたのはＲＥ研究部発足から２カ月後、宮島の対岸にある東洋工業の「迎賓館」で部品メーカー首脳約40人を招いて開いた懇親会における恒次の大演説だった。大広間に集まった浴衣姿の部品メーカー首脳や東洋工業の幹部らを前に恒次は挨拶に立ち、こう言い放った。

「通産省（通商産業省、現・経済産業省）は機械工業振興臨時措置法制定（１９５６年）以来、日本の自動車メーカーを３社程度に集約して、貿易、資本の自由化に備えようとしている。当社が通産省に抵抗して独立して生き残るため、なんとしてもロータリーエンジンをモノにしたい。お手伝いをお願いする」

悲壮感漂う恒次の演説に部品メーカー首脳は「よくわかった」と応じ、山本以下の技術陣は「社運を賭けた仕事を任せてくれたんだと分かり、感激した」（前記「わが日々」）。技術提携からロータリーエンジン搭載の量産車第1号となる「コスモスポーツ」発売までの6年間に東洋工業が投じた開発費は40億円強。技術提携の契約締結時に多額の外資が必要となり、広島県竹原市出身だった当時の首相池田勇人（1899〜1965年）に大蔵省（現・財務省）への根回しを依頼したこともあった。

難題だった「チャターマーク」については、RE研究部の必死の解析努力により、ローターの頂点に取り付けてあるアペックスシールの自動振動によって生じることを突き止めた。最終的にRE研究部はシールの素材として当時新開発だった高強度カーボン材のパイログラファイトを採用し、さらに特殊な方法でアルミを染み込ませて製造したカーボンアペックスシールによって〝悪魔の爪痕〟と呼ばれた異常磨耗問題を解決した。

また、NSU、バンケル社から導入した試作エンジンは1ローター（シングルローター）で低回転域ではトルク（出力）不足が指摘されていたため、RE研究部はレシプロ4サイクル6気筒エンジンとほぼ同等のトルクが得られる2ローターエンジンの開発を決断。1967年5月に発売した「コスモスポーツ」に搭載した10A型エンジンは2ローター（排気量491cc×2）であり、これこそが、東洋工業が世界の自動車メーカーやマニアの注目を集めるようになる独自開発の量産ロータリーエンジンだった。

ガソリンがぶ飲み車

「コスモスポーツ」は世界の自動車マニアの注目を浴び、東洋工業は続いて大衆車「ファミリア」や上級セダン「ルーチェ」にもロータリーエンジンを搭載したクーペを投入。さらに70年5月には構想段階からロータリーエンジン車として開発が進められた小型乗用車「カペラ」を発売した。3年前に売り出した当初の「コスモスポーツ」は月産32台だったが、70年にはロータリーエンジン車の生産が月産7000台に急増。こうした国内市場での成功をバネにロータリーエンジン車の対米輸出が始まったのは同年6月である。ただ、その半年後に成立した1つの法律が東洋工業の前に立ちはだかる。

70年12月、米国で上院議員エドムンド・マスキー（1914～96年）の提案によって大幅に強化された大気浄化法改正法（通称マスキー法）が成立した。75年以降に製造する自動車は排気ガス中の一酸化炭素（CO）、炭化水素（HC）の排出量を70～71年型の10分の1に、76年以降に製造する自動車については窒素酸化物（NOx）の排出量を同じく10分の1に、それぞれ減じることを義務づけるという、かなり過激な内容の法律だった。このマスキー法を最初にクリアしたのが、本田技研工業（現・ホンダ）が72年に開発したCVCC（複合渦流調整燃焼方式）エンジンであり、この成功でそれまで二輪車と軽自動車のメーカーというイメージが強かった本田技研は世界市場で一躍有力自動車メーカーの仲間入りをすることになる。

一方、東洋工業にとっては大きな試練となった。ロータリーエンジンを搭載した世界初の量産車「コスモスポーツ」は高級乗用車トヨペット・クラウンが約90万円で手に入った時代に約150万円もしたものの、「滑らかで絹のような加速」とスリムなボディでたちまち世界のカーマニアの羨望の的になっていた。だが、排出ガス規制によって事態は暗転。前述のように、70年6月に東洋工業は米国市場向けロータリーエンジン車の第1弾として「ファミリアロータリークーペ（R100）」の輸出を開始するが、炭化水素の排出量がレシプロの3～4倍だったロータリーは「ダーティー・エンジン」と呼ばれ、米市場での評価は散々だった。

そこで、東洋工業は燃え残った炭化水素を再燃焼させて減らすサーマルリアクター（熱反応器）と呼ばれる装置を開発。73年2月に米環境保護局（EPA）のマスキー法テストに合格してお墨付きを得ると、一時期マツダ車の売れ行きは急伸するが、それも長くは続かなかった。73年10月の第四次中東戦争が引き金になってアラブの産油国が原油価格引き上げと減産を宣言するオイルショック（第一次石油危機）が勃発。ガソリン価格は３～４倍に跳ね上がった。リッターあたり20キロ以上走るライバルメーカーの低燃費車に対し、当時のロータリーエンジン搭載車の燃費はリッター６～７キロ。米市場でロータリーエンジン車は「ガス・ガズラー（ガソリンがぶ飲み車）」という有難くない呼び名を賜った。マスキー法テストで「合格」の判定を下した米環境保護局が、今度は燃費について「ロータリーエンジンはガソリンを食い過ぎる」との批判をぶつけてきた。東洋工業とロータリーエンジンの苦難の歴史はここから佳境に入る。

住銀の進駐からフォード傘下へ

オイルショックは日本市場も直撃。この年、東洋工業は乗用車生産台数47万台のうち、24万台をロータリーエンジン車が占めていた。販売への影響は翌年に入って一段と深刻化する。国内販売台数は73年の21万５０００台から74年には14万５０００台へ急減。輸出も不振を極め、大量の在庫を抱えてしまった。

経営陣には暗雲が漂う。ロータリーエンジンに社運を賭けた恒次は70年11月、肺がんで急逝し、長男の耕平（1922～2002年）が3代目の社長に就任していた。74年10月期の業績（単体）は、売上高は4965億円と前期比4％減にとどまったものの、営業損益は145億円、最終損益は17億円のいずれも赤字に転落。東洋工業はメインバンクの住友銀行に支援を仰ぎ、同行とサブメインの住友信託銀行から役員を受け入れ、再建にひた走ることを余儀なくされる。

この時、住友銀行は東洋工業の再建に専門的に取り組む専門部署「融資第二部」を新設。初代部長に就いたのは当時常務、後に頭取となる巽外夫（1923年生まれ）である。大銀行が個別の取引先のために専門部署をつくること自体が異例だった。再建チームを率いることになった巽もバンカー出身者にありがちな財務一辺倒の姿勢に陥ることなく、メーカーの本分であるモノ造りに対する理解も深かった。「ロータリー四十七士」のリーダーだった山本健一は当時、巽からこんな言葉をかけられた。

「ロータリーエンジンの問題は開発ではなく、経営の責任だ。もしロータリーエンジンから撤退したら、東洋工業は世間の信用を失い、一般の車まで売れなくなる。だから立派なエンジンだと立証しなさい」

しかし、巽の上司だった当時の住銀副頭取、磯田一郎（後の頭取、1913～93年）はロータリーエンジンについて冷ややかだった。取引銀行に支援を要請した東洋工業社長の耕平は業績悪化の責任を即座に問われることはなかったが、銀行の「進駐」から3年後の77年には退任を余儀なくされ、社長の座を自動車製造部門トップの山崎芳樹に譲り、自身は代表権のない会長にまつり上げられた。当時、フォードとの提携交渉が大詰めを迎えており、創業家の3代目である耕平が社長のままでは話がまとまらないと住銀は判断したらしい。磯田は後に耕平についてこんな辛辣な人物評を洩らしている。

「周囲に苦言を呈する人がいない。だから平衡感覚がない。ロータリーに賭けたと思うが、会社の存亡は賭けるものじゃない」

この時から13年後の90年、ワンマン会長として住銀に君臨していた磯田が銀行を私物化したと批判され、闇の世界に5000億円が流れたとされる「住銀イトマン事件」の責任を負って失脚したことは皮肉としか言い様がない。磯田を事実上解任したのは頭取となっていたかつての部下、巽である。

磯田が失脚した90年10月から住銀の最高実力者の地位は巽に移った。マツダのことを隅々まで知り尽くしていた巽は、従来通りの「銀行管理」よりも米自動車ビッグスリーの一角である「フォードの傘下」に入った方が生き残りの道が大きく開けると考えていた。というより、そもそも米自動車王の会社との提携を最初に思いついたのが松田家だったことを巽は認識していたのだろう。

持病のリューマチに苦しんでいた恒次は晩年、ロータリーエンジン車の世界戦略と次代のマツダの生き残りの道を米フォードとの提携に託そうと決めていた。米国留学（工作機械メーカーのシンシナティ・ミリング・マシン社に研修生として勤務）の経験があり、英語の達者な耕平に交渉を任せていたが、「最低25％の出資」を求めるフォードに対し、松田家は経営の主導権を維持できる「20％まで」を譲らず、交渉は恒次の死後も続いた。フォードとの最初の資本提携がまとまるのは79年。出資比率は25％だった。翌80年、耕平は会長から取締役相談役に退き、松田家は経営の第一線から離脱する。

販売ディーラー5チャネルの無謀

経営が大きく揺らぐ一方、ロータリーエンジンは着実に改良が進められていた。何よりもオイルショックで大打撃を被る元凶となった燃費の改善が急務だった。40％の燃費向上を目指す「フェニックス計画」をスタートさせ、この目標を78年に発売したロータリーエンジン専用スポーツカー「サバンナＲＸ－７」で実現。燃費向上だけでなく、ロータリー特有の軽量でコンパクトなエンジンの特長を生かし、前車軸よりも運転席に近づけてエンジンを設置するフロントミッドシップ、空気抵抗を減らす目的も兼ねたリトラクタブル・ヘッドランプ（車体内に格納可能なヘッドランプ）などの採用が評判となり、８年間に生産台数が47万台に達する大ヒットに結びつく。中でも、「この国でロータリーエンジン車が走ることはない」とまで言われた米市場で、〝批判を技術で凌駕したメーカー〟としてマツダの評価が急伸したのである。

ただ、それでも経営が安定軌道に乗ったとはいえなかった。80年代に入って米国との貿易摩擦はますます過熱、日本側は業界による輸出自主規制で米側の怒りの矛先を収めようとしたが、そうなると縮小される「輸出枠」の奪い合いで下位メーカーのマツダは不利な立場に置かれる。上位メーカーに倣って、マツダは米国現地生産を決め、87年にミシガン州フラットロックに年産24万台の能力を持つ工場を稼働。その一方で国内生産を維持するため、販売チャネルの拡大に乗り出した。従来マツダ系、マツダオート系（現・アンフィニ系）の２つだった販売ディーラー網に81年にフォード車を扱うオートラマ系が加わり、さらに89年にユーノス系とオートザム系を新設して５チャネルに拡大。

これは国内販売台数がマツダの4倍あったトヨタ自動車と同じ系列数であり、取り扱う車種やディーラー網を支える資金力からみても明らかに「過大」だった。本来ブレーキ役となるはずの住銀もバブルに踊らされ、同行出身役員が販売チャネル拡大の先頭に立つ始末。案の定、90年代に入ってバブルが弾けると、販売不振で業績は暗転し、94年3月期から5期連続の連結最終赤字を計上する。

オイルショックから20年。再来した危機に際し、今回救世主となったのはフォードだった。96年5月、フォードはマツダへの出資比率を25％から33・4％に引き上げるともに、翌6月には住銀出身の社長、和田淑弘を更迭し、94年に副社長としてマツダに送り込んでいたヘンリー・ウォレスを社長に昇格させた。ここからマツダの親会社は名実ともにフォードになった。ウォレスの社長在任はわずか1年5カ月で、97年11月にジェームズ・ミラー、99年12月にマーク・フィールズ、2002年6月にルイス・ブースと6年間に4人の社長をフォードは慌しく送り込んだ。このうち財務部門出身のウォレスは「ロータリーエンジンに固執している限りマツダの発展はない」と言い切って新たな投資に後ろ向きだったが、ミラー以後の3人は「ロータリーエンジンがマツダにとって特別な存在であることをよく分かってくれた」と当時のマツダ首脳は指摘する。

だが、いくらロータリーエンジンがマツダの技術陣のアイデンティティーとはいえ、かつてのように全生産車に占めるロータリーエンジン車の比率が5割を超えるようなことはあり得なかった。2つの石油危機を経て、世界の自動車市場では環境性能を重視する傾向が年々強まり、走行性やデザインに優れたロータリーエンジン車は技術的に高い評価を受けたものの、マツダの経営を劇的に改善させる効果はなかった。

リーマン・ショックで追い詰められる

78年に発売されて世界の注目を集めた「RX－7」は一時、ロータリーエンジンの復活を印象づけたものの、96年にマツダが2ドアクーペの「ユーノス・コスモ」の生産を打ち切ると、世界唯一のロータリーエンジン車になり、2002年には生産を終了した。その「RX－7」と同じ13B型ロータリーエンジンを搭載し、翌03年に市場に投入された「RX－8」はスポーツ車であるにもかかわらず、フォードの強い意向を受けて車体が4ドアとなるなど中途半端な印象を拭えず、市場の人気もいまひとつだった。それでも9年間、唯一のロータリーエンジン車として存在感を発揮したが、12年6月22日、本社宇品工場（広島市南区）で生産された「RX－8」を最後にマツダのロータリーエンジンの歴史は途絶えている。67年発売の「コスモスポーツ」以来、マツダが販売したロータリーエンジン搭載車は11車種、生産台数は199万台に達している。

「最後」のロータリーエンジン車「RX－8」の生産を終了した2012年はマツダにとって重大な転機を迎えた年だった。08年のリーマン・ショックは、ただでさえ弱体化していた米自動車業界を直撃。ゼネラル・モーターズ（GM）とクライスラーはともにチャプターイレブン（米会社更生法）の申請を余儀なくされ、ビッグスリーの中でフォードだけが破綻を免れたが、財務強化のためにマツダ株の7割を売却せざるを得なくなった。フォードがマツダ株を三井住友銀行や取引先などに売却したのは08年秋。マツダに対する出資比率は33・4％から13・8％に下がり、系列関係は解消された。

すでにマツダの社長は03年から井巻久一（1942年生まれ）、08年から山内孝（1945年生まれ）と生え抜きの人材に戻っており、資本の軛《くびき》がなくなったことで経営陣にはフリーハンドが与えられていた。しかし、リーマン・ショック後の世界同時不況で09年3月期から4期連続の最終赤字に陥っていたうえ、フォード以前から同社を支えてきたメインバンクの三井住友銀行（2001年に住友銀行とさくら銀行が合併して発足）や地元地方銀行なども世界規模の金融収縮に見舞われ、支援の余裕はなくなっていた。マツダは09年10～11月に公募増資で約930億円、12年3月に公募増資と劣後特約付きローンの組み合わせで約2100億円の資金調達を行ったが、このうち後者のファイナンスは通常の融資を資本性の高い劣後ローンに振り替えることで、当時債務者区分で「要管理先」に分類されていたマツダへの貸倒引当金の積み増しを回避したいという取引銀行の思惑が反映されていた。

つまり、そこまで追い詰められていたのだ。当時、為替レートは1ドル＝80円台を行ったり来たりしていた。マツダの国内生産比率は7割。リーマン・ショック直後には広島県府中町の本社工場をはじめ国内工場の稼働率を5割前後にまで落として資金の流出を防ぎながら、在庫となっていた完成車の販売を急ぎ、現金を懸命に積み増していた。

「マツダは広島を守れるか」

12年3月の公募増資と劣後ローンによる2000億円超の資金調達プランを発表した翌日（12年2月23日）、日経産業新聞の看板記事「NewsEdge（ニュース・エッジ）」にはこんな見出しが躍った。当時、少なからぬ数の経済ジャーナリストやアナリストらがマツダの危機を声高に唱えていたのを筆者も記憶している。

どん底から連続最高益へ

だが、どん底と見られていたこの時期に、光明が差していた。2000億円超の調達計画を発表した6日前の12年2月16日にマツダが発売した新型SUV「CX－5」。苦しい台所事情の中で満を持して市場に送り込んだこの車には発売直後から問い合わせが殺到し、空前の人気を博した。直列4気筒DOHC（ダブル・オーバーヘッド・カムシャフト＝二頭上カム軸）ガソリンエンジンとディーゼルターボ（過給器）エンジンの2つのタイプを揃えた中で、とりわけ注文が集中したのがディーゼル搭載車。国内では4月初めの時点で早くも納車は3カ月待ちとなり、海外でもドイツの著名な自動車雑誌『オートビルド』が性能評価で最高ランクに分類したことで人気に火がつき、同国で当初見込みの倍の先行注文が入った。6月には早くも生産能力が受注に追いつかなくなり、マツダは本社工場の「CX－5」の生産を12月までに5割引き上げる設備増強計画を打ち出した。初年度の年間販売目標は16万台から24万台に上方修正。11月末には「2012～13日本カー・オブ・ザ・イヤー」の受賞が決まった。

こうした快進撃は偶然の産物ではない。「CX－5」は新生マツダを象徴する環境対応技術の集大成「スカイアクティブ」を全面採用した第1号車だった。加えて「魂動《こどう》デザイン」と呼ばれる直線と曲線をバランス良く配した外観の意匠によって車種は異なっても「マツダの車」と分かる統一感を出した。さらに12年11月の中型乗用車「アテンザ」の発売を機に塗装技術の改良によって深みがあり独特の鮮やかな光沢を放つ赤、名づけて「ソウルレッドプレミアムメタリック」を他の車種にも順次追加。通常、乗用車市場では1割に満たない「赤」のボディカラーの割合が「アテンザ」では2割を超え、15年5月に発売したスポーツ車「ロードスター」では4割を超える人気になった。

「スカイアクティブ」「魂動デザイン」「ソウルレッド」――。これら一連の独自技術がヴェールを脱いだ13年3月期にマツダは5期ぶりに黒字転換し、その後3期連続で営業最高益を更新している。マツダはかつて「コスモスポーツ」や「RX－7」など、専売特許のロータリーエンジン車で一世を風靡したことはあったが、あくまで「単発」のヒットであり、会社の経営を中長期的に安定させるには至らなかった。それに対し、現在のマツダの快進撃は「単発」ではなく、12年の「CX－5」に続き、14年に「デミオ」、15年に「ロードスター」と立て続けに日本カー・オブ・ザ・イヤーを受賞。このほかにも、12年11月にモデルチェンジした「アテンザ」や15年発売の小型SUV「CX－3」など、市場に送り出す車がことごとくヒットしている。

誰もが認める「V字回復」の秘密は2006年、当時のマツダ経営陣が着手した「モノ造り革新」にあった。

狙うのは「1番ピン」のみ

「大手であればガソリンエンジンとディーゼルエンジンだけで1000人体制の部門にマツダは30人しかいなかった」

SKYACTIV（スカイアクティブ）エンジンの生みの親といわれる常務執行役員、人見光夫（1954年生まれ）は2012年に予定されていた欧州の二酸化炭素（CO_2）排出規制に備える取り組みに着手した当初の人員の乏しさをこう振り返る。

次世代の環境技術で取り組むべき課題は多かった。列挙すると、「ハイブリッド」や「電気自動車」、「リーンバーン（希薄燃焼）」、小型エンジンと過給器の組み合わせで低燃費を実現する「ダウンサイジング」、走行中に必要な気筒のみを動かすことで燃費を改善する「気筒休止」などだ。「お金も人も足りない」マツダがこれらすべてに対応することが不可能なのは自明の理。そこで人見は「ボウリングの1番ピン」のように、1つを倒せば次々に難題を突き崩せるような凝縮したテーマを見つけ、そこに限られた経営資源を集中させることを思いつく。そして、マツダは「ハイブリッド」や「電気自動車」のような〝大物〟はあえて相手にせず、ロータリーエンジンを含め長年蓄積した内燃機関の改善に賭けるべきだと結論づけた。

内燃機関すなわちエンジンの効率を妨げているものとして「排気損失」「冷却損失」「ポンプ損失」「機械抵抗損失」という4つの主要な損失があり、これらを制御する①圧縮比②比熱比（空燃比）③燃焼機関④燃焼タイミング⑤壁面熱伝達⑥吸排気行程圧力差⑦機械抵抗――という7つの因子がある。人見はこのうち圧縮比、吸排気行程圧力差、機械抵抗の3つの因子を改善することに傾注した。少人数チームであれば集中して1つの頂点を目指せる。まさに「1番ピン」を倒すことに賭けたのだ。

改善に取り組んだ3因子の中で象徴的なのは圧縮比である。ガソリンエンジンの場合、気筒（シリンダー）内の圧縮比を高めると効率も向上するが、圧縮比を高めていくと異常燃焼（ノッキング）が起きやすくなるという難点があった。ガソリンエンジンは点火プラグの火花でガソリンを燃やすが、過剰な高温と高圧の条件下では正常な燃焼を終える前に、まだ発火していないガソリンが自然着火する現象が起きる。こうしたことから従来、ガソリンエンジンの圧縮比は「12」を超えられないという〝常識〟があったのだが、人見はそのことに疑問を抱き、研究チームにあえて圧縮比「15」のエンジンを試作させたほか、最新の解析技術を駆使して高圧縮比下のエンジンの現象を解き明かしていった。その結果、確かに圧縮比を「10」以上に高めていくとトルク（出力）は低下していくが、「13」に達すると下限に達し、ガソリンエンジンの理想的な圧縮比とされる「14」にまで高めてもトルクの低下分を他の技術で補えることが分かった。この発見が「SKYACTIV－G」（Gはガソリンの頭文字）開発の端緒となった。

一方、ディーゼルエンジンは、気筒内に取り込んだ空気を圧縮し、高温・高圧になったところに軽油を噴射して自己着火させる仕組み。従来は着火しやすいように圧縮比を「16」～「18」と高めに設定していたのだが、高圧下で燃料を噴射すると、燃料と空気が十分に混ざる前に着火してしまい、局所的に不均一な燃焼が起きる。その結果、窒素酸化物（NOx）や煤などの粒子状物質（PM＝Particulate Matter）が増えてしまう。では、圧縮比を下げれば良いのだが、そうすると寒い時期に着火しにくくなるという問題が発生する。そこでマツダが試みたのは「着火しにくい」という問題を他の技術で解決し、圧縮比を「14」に下げること。確かに圧縮比「14」にすると、ディーゼルエンジンの最大の課題であったNOxやPMが激減したという。「着火しにくい」問題は気筒内の吸気弁（バルブ）が開くタイミングを後にずらすことで解決した。一時的に内部を真空状態に近づけ、その後にバルブを一気に開けると、勢いよく流入する空気の運動エネルギーが高まり、寒い時期でも低圧下で燃料に着火するようになるというわけだ。こうして誕生したのが「SKYACTIV－D」（Dはディーゼルの頭文字）である。

「常識が邪魔をすると山の上の景色が見られない」

人見は自著（『答えは必ずある――逆境をはね返したマツダの発想力』ダイヤモンド社）でこう主張している。ガソリンエンジンには高圧縮比の、ディーゼルエンジンには低圧縮比の、それぞれ壁があると言われてきたが、その壁は研究者自身が思い込みで作り上げてしまうことが少なくない。「壁を取り払えば自ずと答えは見つかる」というのが人見流の思考法だ。

「モノ造り革新」から「経営革命」へ

「スカイアクティブ」に関わる一連の斬新な発想を現実のものにできたのは、マツダの先進的な計算解析技術（CAE＝Computer Aided Engineering）によるところが大きい。人員と資金に限界があるマツダの技術開発の現場では、エンジンをはじめ各種部材部品について試作と改良を重ねるわけにはいかず、代わりにコンピューター解析の精度を向上させることに力を注いできた。従来、商品開発部から依頼が来たものを計算し、答えを渡すことを仕事としてきたCAE技術者は多くが「請負体質」で、士気も上がらなかった。それを先行開発段階からより深く関与させるようにし、当事者として開発に関わるように意識改革を断行したのだ。多様なシミュレーションが高い精度で迅速に行えるようになれば、アイデアの数は自ずと増える。結果が分かるのに何カ月も要するならばアイデアを出そうという意欲は上がらないが、逆に思いついたことをすぐに検証できるならば発案者のモチベーションは一気に高まるからだ。

マツダはこうした「モノ造り革新」によって、技術のみならずビジネス手法全体を変革しようと試みた。目先の業績や商品開発ではなく、長期的視点で経営と技術のロードマップを作成し、それをベースに技術開発や商品開発のプランを立て、それに沿った人員や資金調達などの計画を進める。2006年に取り組みを始めた時点でマツダの経営陣は2010〜20年に世界の自動車業界が求められる環境対応技術を予測し、どのような商品や技術が必要になるか、どのような生産体制を敷けばよいかを逆算してそれぞれの対応策を打ち出した。マツダ社内ではこれを「一括企画」と呼んだ。

「モノ造り革新」はいわば、マツダにとっての「経営革命」であり、その後の飛躍を演出した起爆剤はすべてこの中にパッケージされている。着手した06年当時のマツダの取締役は計9人。会長兼社長で最高経営責任者（CEO）の肩書きも併せ持っていた井巻を筆頭に、副会長のジョン・G・パーカーをはじめフォードからの出向者が3人、旧住友銀行本店支配人から「天下った」専務が1人、そしてあとの4人がマツダの生え抜きだった。

忘れてならないのは、そんな「モノ造り革新」のうねりを起こす土壌を築く過程でのフォードの役割だ。地方都市・広島の盟主として「大企業意識」が抜けず、「良いモノを造れば客は後からついてくる」といった町工場的体質にどっぷり浸かっていたマツダに「ブランド価値」を教え、そのために走りやデザインに経営資源を集中させてきた親会社としてのフォードの役割は決して無視できない。

そのフォードの遺産として特筆すべきものの1つにブランドエッセンスビデオがある。2014年に米フォードのCEOに就任したマーク・フィールズがマツダ社長時代（1999～2002年）に作らせた2分40秒の映像だ。

冒頭から人とクルマの映像をバックに日本語と英語のメッセージが流れる。

ある日人は生まれ　感動的な体験をする
それは「ブーンブーン」とものを動かすときに
沸きあがるときめき　それがｚｏｏｍ－ｚｏｏｍ
やがて大人になって　大きな責任を負うようになり
あのｚｏｏｍ－ｚｏｏｍを忘れてしまう
でもいつまでも忘れない人たちもいる
たぶんあなたも　そして私たちも
あなたと私たちをつなぐときめき
今までも　これからもずっと
運転することは　自分を表現すること
ときめくこと　自由になること
私たちはそんなクルマをつくっています（以下略）

「ｚｏｏｍ－ｚｏｏｍ」は日本語にすれば「ブーンブーン」。言葉は違っても子供がクルマのおもちゃを動かす時に口に出すフレーズである。決して顧客向けの販促ビデオではない。経営の躓きで誇りと求心力を失いかけていたマツダの全従業員に訴えかけるのがフィールズの狙いだった。

「自分たちがどんなものを世に送り出しているのか」

「何をすることで社会に貢献していくのか」

そして自信と自覚を取り戻すことがマツダ復活の第一歩であることを取引先や金融機関などを含むステークホルダー（利害関係者）すべてに印象づけた。株主総会もこのブランドエッセンスビデオで始まるようになった。確かに、自分たちが何をしていく会社なのかを理解し、仲間と共有することで誇りと求心力は回復していった。

このビデオはユーチューブで視聴できるが、クルマ好きの人なら心を動かされるだろう。ここまでロータリーエンジンがなぜカーマニアを興奮させるのかを解き明かしてきたが、誤解を恐れずに結論を言えば、クルマ好きの多くがマツダという会社に何がしかのシンパシー（親近感）を感じていることがその理由の１つだろう。

第7章　ニッチを磨き続ける――「媚びない」広島人たち

総理在任中に喉頭癌を患い、1964年の東京オリンピック開催を花道に閉会式の翌日退陣表明をした池田勇人は広島県竹原市の出身。生家は銘酒「豊田鶴」の蔵元だった。竹原は江戸期に塩田経営で栄え、当時の繁栄ぶりを彷彿とさせる街並みが今も残り、「安芸の小京都」と呼ばれる。2014年9月〜15年3月に放送されたNHK朝の連続テレビ小説『マッサン』のモデルにもなった竹鶴酒造もこの地にあり、マッサンこと竹鶴政孝（1894〜1979年）と池田は旧制忠海中学校（現在の広島県立忠海高校）の先輩後輩で、在学中は同じ寮で寝起きし、池田は竹鶴の布団の上げ下げまで世話をしたといわれている。

その池田については前著『経団連――落日の財界総本山』（新潮新書）でも取り上げたので、ここでは詳細を省くが、60年の政権奪取以来「所得倍増計画」を掲げ、戦後の高度成長の立役者となったこの宰相は、一方で「放言政治家」として知られていた。
「中小企業の５人や10人が倒産して自殺しても仕方ない」
「貧乏人は麦を食え」
いずれも第３次吉田茂内閣の蔵相時代の発言とされている。ただし、実際はこれほどストレートな物言いではなかった。
「今までのインフレに慣れていい加減なことをやっている者が５人や10人倒産してもやむを得んじゃないか」（１９５０年３月１日の閣議後の記者会見でのやり取り。この時点では通商産業相を兼務）
「所得に応じて所得の少ない人は麦を多く食う。所得の多い人はコメを食うというような経済の原則に沿った方へ持っていきたい」（同年12月７日の参院予算委員会での蔵相答弁）
首相の吉田が元々傲岸不遜だったうえ、ＧＨＱの代弁ばかりしていると記者や野党の不興を買っていたため、その懐刀とされた池田に対する風当たりが厳しかったことが背景にあった。ただ、そうはいっても、池田の「バカ正直さ」には、秘書官として仕えた元西日本新聞記者の伊藤昌哉（１９１７～２００２年）や大蔵省の後輩である宮沢喜一

（1919～2007年）らも手を焼いたといわれる。ポピュリズムが問題視される昨今、池田のような大衆に「媚びない」政治家にお目にかかる機会がなくなっている。

『里山資本主義』のエコストーブ

広島で出会った人々になんとなく小気味よさを感じるのは、この池田に通じる「媚びない」姿勢が印象に残るからかもしれない。こう思ったのは広島県北東部の庄原市で「人間幸学研究所」などを主宰する和田芳治との対話の最中だった。日本総合研究所調査部主席研究員の藻谷浩介とNHK広島取材班チーフプロデューサー（当時）の井上恭介の共著でベストセラーになった『里山資本主義』（角川書店）の中で「21世紀の新経済アイテム『エコストーブ』」の製造者として和田は登場している。

何事も逆手に取ることが好きな和田（「逆手塾」という勉強会も作っている）は、手作り可能なエコストーブで木の枝や大鋸屑《おがくず》などを燃やせば、毎日の生活が楽しくなるだけでなく、放置されて久しい里山を蘇らせることもできると考える。ただ、それを説明する時に「エコ」や「温暖化防止」といった手垢のついた言葉は使わない。「原価ゼロ円で里山を食い物にしよう」と訴えるのである。

「どうしてそんな面白い表現を思いつくんですか」とランチの最中に一度尋ねたことがあった。和田の答えはこうだった。

「私もそうだが〝へじゃがのう……〟という口癖がある。広島の方言で『それはそうだが……』の意味。われわれ広島人には常に物事の対極を考える習性があるんじゃろうね」

　1989年のバレンタインデーの夜、広島県総領町（現在の庄原市）の町民会館で異様な会合が開かれていた。

「1億円を囲んで夢を語る会」

　時はバブル経済真っ盛り、リクルート疑惑で不人気に悩む当時の首相竹下登は「ふるさと創生」を名目に全国の市町村に一律1億円をバラまく政策を打ち出した。

　宮崎県では温泉の掘削や天文台の建設、高知県では純金製のカツオ、青森県では高さ17メートルの巨大土偶など、様々な使い道が話題になった。そんな中、総領町は銀行から千円札10万枚の札束を借り、現金を眺めながら使途を考えようと町民に呼びかけた。

　町職員としてこの企画のアイデアを出したのが当時45歳の和田だったが、評判は散々。参加した町民からは「札束が気になって話し合いどころじゃなかった」との感想が出たほか、マスコミはバラまき政策批判の事例として、純金カツオや巨大土偶などとともに総領町の「愚行」をしばしば引き合いに出した。

「でも、その後『ふるさと創生』の話題が出るたびにテレビの全国ニュースは総領町の札束を映し出したでしょう。結果は大成功でした」

和田はこう言って笑う。

過疎を逆手にとる会

奇抜な発想、巧妙な言葉遣いが真骨頂である。1982年、地元の青年団や周辺町村に呼びかけて「過疎を逆手にとる会」を立ち上げた。中国山地に抱かれた旧総領町は1950年代半ばに5000人を超えていた人口が30年間で半分以下に激減。町役場の産業開発課課長補佐だった和田は「過疎の町の救世主になってください」と訴えるパンフレットを作り、企業誘致に奔走したが、せっかく苦労が実って工場がやって来ても、地元の若者は求人に応募しなかった。皆、都会に目が向いていたからだ。

「ない」は「なんでもやれる可能性」——。逆手にとる会は文字通り、発想の転換を促す活動を展開した。例えば、町にはホテルがなかったが、廃校になった高校の分校を研修施設に改修して代用した。食堂のシェフがいないので近所のおばさんに地元の野菜で田舎料理を作ってもらったら利用者に大いに喜ばれた。

ホールにピアノが欲しいけどおカネがない。そこで寄付をしてくれた人の名前をピアノ本体に書き込むことをうたって募金を始めたら瞬く間に目標額が集まった。アップライトの中古のはずが、グランドピアノの新品を購入できた。

ところが、１９９９年、全国に共感者が拡大していた「逆手にとる会」を突如解散する、と宣言して関係者を驚かせている。

「私たちは初め異端だったが、時代が追いついた。区切りをつける時」

これが当時の和田の「解散」の弁である。「売名行為」との批判は跳ね返してきたが、20年近い活動で本来の目的とのズレを感じ始めていた。生まれながらの天邪鬼。反対されたら俄然《がぜん》やる気が出るのに、波風立たない場所はどうも居心地が悪い。

２００３年、教育長を最後に役場を去り「人間幸学研究所」所長を名乗った。真の「豊かな暮らし」とは何か。人間工学で解決できない課題に取り組もうと考えたのだ。11年3月11日の東日本大震災は日本人の価値観を大きく揺さぶり、和田も「カネよりも大切なものがある」という幸学の理念を再確認する。

原発事故で電力不足が叫ばれる中、手近な燃料で暖房や調理が可能な「エコストーブ」を考案したところ、大きな反響を呼んだ。『里山資本主義』で紹介されたことで、全国から講演やエコストーブ作り教室開催の要請がひっきりなしに入り、今も各地を飛び回る。14年6月に和田は著書『里山を食いものにしよう』（CCCメディアハウス）を出版した。逆説的な修辞法で周囲を煙に巻きながら「庄原から日本を変えていこう」と呼びかけている。

酒屋の主人にしてピエロ

「広島に行くなら、ぜひこの人に会ってみてください。中国地方随一の酒のバイヤーですよ」

国際ソムリエの資格を持つ知人の紹介で訪ねた「酒庫吉長」（広島市中区）のご主人、吉長孝衛も辛口の物言いの中に独特のユーモアを混ぜ込む「異才の人」である。

ある時は心を癒やすピエロ（ケアリング・クラウン）、別の時は水引細工指導者や笑いヨガ活動家と様々な顔を持つ。本業は酒類販売会社の社長だが、本人は一切矛盾を感じない。人と人が触れ合い、喜びを分かち合い、会話が弾み笑いも生まれる。「そんなやすらぎの時間を演出したい」というモチベーション（動機づけ）があるからだ。

家業の「酒庫吉長」は１９２６年に祖父が創業した。原爆で店は吹き飛ばされたが、戦地から生還した父が再建。敗戦から4年後、被爆の残像が街に残る中で吉長は生まれた。兄２人弟１人の４人兄弟。東洋大学法学部を卒業し、広島市内でサラリーマンをしていた80年、父が脳梗塞で倒れた。兄弟で家業への転身が可能な状況にあったのが自分だけだったため、三男にもかかわらず跡継ぎになった。

「父の会社には当時借金が１億５０００万円もあった」と振り返る。重圧に苦しんでいた時、ふと「金融機関も『貸す』のが商売。一気に返そうと思わず利息を払って儲けてもらおう」と発想を転換。「大いに気が楽になった」と話す。

持ち前の明るさを取り戻すと運気も変わる。大分・別府の鉄輪《かんなわ》温泉にあるリハビリテーション施設に通う父を車で送る際、フェリーの港の近くに焼酎メーカーの三和酒類（大分県宇佐市）があった。足繁く通ううちに取引が始まり、後に大ヒット商品になる麦焼酎「いいちこ」を「広島で最初に売った店になった」。

焼酎を何とか飲んでもらいたいと1杯50円の試飲会を開催。それでなじみになった広告代理店の営業マンがある日、洗車機メーカーとのタイアップ企画を持ち込んでくる。鳥取県米子市のガソリンスタンド（ＧＳ）チェーンが洗車会員にワインを贈呈するというキャンペーンだった。渡りに船で引き受けると、これが1日100本に達する大当たりとなり、広島国税局管内のワイン販売実績で一躍トップに立つ快挙となった。

このタイアップには副産物もあった。キャンペーン当日、クマの着ぐるみに入るはずの学生アルバイトが現れず、窮したGSのオーナーから頼まれて代役を務めたら、身ぶりが面白いと評判に。この話を持ち込んできた広告代理店の営業マンがたまたまビデオで撮影していて業界関係者の間で注目を集めるようになった。次の山口県下関市のキャンペーンでも依頼があり「着ぐるみは暑くてかなわないのでピエロの格好をした」。そのピエロもたちまち評判になり、出演要請が相次いだものの、ワインを買ってくれる本来の客との接点がなくなり、3年ほどでやる気が失せてしまう。

再開したのは10年以上たってから。弟で神経内科医（現在は広島国際大学心理科学部教授）の成恭《はるゆき》から、米国では神経を病んだ患者の心のケアをピエロが引き受けると聞き、紹介されたラクロス大学（ウィスコンシン州）のクラウン養成講座に97年に参加。基礎知識や風船アートの技術を身につけた。

それから毎週末に老人ホームや児童館、病院などを訪れる吉長は「癒やしの道化師」「笑いの伝道師」と呼ばれ、広島だけでなく岡山や愛媛でも著名人になった。だが、ピエロやアーティストはあくまで仮の姿。「酒庫吉長」はいまや中国地方で屈指のワイン取扱量を誇り、苦しめられた借金も3分の1以下に減った。「なくなると寂しいから返済は少しずつにしようねと家内には言っている」と話す吉長。その笑顔に屈託はない。

実は日本の三大酒処

「広島は兵庫・灘、京都・伏見に並ぶ〝日本三大酒処〟なんですよ」

2015年4月6日、「SAKE in 広島」と名づけた日本酒の品評会が開催された。「出品用の酒」で杜氏《とうじ》の腕を競う鑑評会と異なり、「市販酒」を酒販店や飲食店の関係者が評価するという広島国税局が主催する初のイベント。翌7日に開かれた試飲会で同局国税広報広聴室長（当時）の松尾洋生さんが、広島に来て1週間足らずの筆者に噛んで含めるように教えてくれた。

酒飲みの端くれである筆者は広島の西条が銘醸地であることくらいは認識していたが、県内にこれほどハイレベルの酒蔵が軒を並べていることは、恥ずかしながらこの時まで知らなかった。というのも、灘や伏見、さらに新潟や富山などに比べても、「広島の酒」はアピール不足の感が否めないからだ。

「広島は酒の本場で技術者が集まる。酒造りを核とした情報が発信され技術向上に結びつけば日本全体にとって有意義だ」

15年6月30日、地方創生相の石破茂は記者会見で、政府機関移転第1弾として独立行政法人酒類総合研究所の東京事務所（東京・北区）を本部のある広島県東広島市に移転・統合することが決まったことについて、こう語った。

東広島に国税庁醸造研究所（酒類総研の前身）が東京都北区の滝野川から移転してきたのが1995年。首都圏への「一極集中解消」策の一環だったが、そのとき滝野川に残った東京事務所が20年後、今度は「地方創生」を名目に東広島に吸収されることになった。その結果、東広島は国の酒類研究の唯一の拠点と位置づけられたのだ。

酒類総研の最大のイベントは毎年春に開かれる「全国新酒鑑評会」。その年（酒造年度は毎年7月～翌年6月）に生産された日本酒の品質評価と酒造技術の調査を通じた品質向上を目的にしている。1911年（明治44年）に大蔵省醸造試験所が滝野川で初めて開催。太平洋戦争などで中断した時期はあったものの、2015年に103回を迎えた歴史ある催しである。

新酒の品質を競うコンペティションは広島の酒造りにとって大きな意味がある。醸造試験所の「鑑評会」の前身として、大蔵省主管で日本醸造協会が主催する「全国清酒品評会」というコンペがあった。1907年に開かれたその第1回大会。出品数2138点のうち、褒賞を授与された上位3銘柄は次の通りである。

1位「龍勢」藤井酒造（広島・竹原）
2位「三谷春」林酒造（広島・呉）
3位「富の壽」富安合名（福岡・久留米）

かつて品質も価格も灘の酒にまったく敵わなかった広島の酒が1、2位を独占。その後、1909年の第2回大会（隔年開催）でも賀茂鶴酒造（広島・西条）の「賀茂鶴」が最高位に選ばれるなど広島の銘柄が上位を独占し続け、一躍全国で知名度を上げたのだ。その立役者は賀茂郡三津村（現在の東広島市安芸津町）出身の杜氏、三浦仙三郎（1847～1908年）。15歳の時、父が倒れ、家業の雑貨問屋を継いだ三浦は、米穀肥料の商いで成功した後、29歳で店を弟に譲り、廃業した酒蔵の経営を引き継いで念願だった酒造りに進出した。

ただ、三浦は慣れない酒造りで苦戦の連続。蔵元が莫大な損失を被る「腐造《ふぞう》」（酒造の最中に腐らせてしまうこと。出来上がった酒を貯蔵中に腐らせる「火落《ひおち》」と区別される）を繰り返し、自ら雇った杜氏と対立する。窮した三浦は単身、灘の酒蔵に蔵人（杜氏の下で働く職人）として入り込み、酒造の奥義を極めようとした。その後、三津と灘を行き来しながら、紆余曲折の末に三浦は水の硬度の違いに気づく。そして、硬水で造る灘の酒に対し、三津では軟水しか得られないことを知る。

しかし、三浦は屈しない。発酵力の弱い広島の軟水を逆手に取り、時間をかけ低温で発酵させる仕込みの手法「軟水醸造法」を確立。さらに精米度の高いコメを使い、香味豊かな味わいを生み出す「吟醸酒」の技術を開発した。三浦はそれまで杜氏の勘と技に頼っていた酒造りの現場に温度計などを持ち込んで科学的に分析し、工程ごとの微妙な温度調整や蔵の構造などを丁寧に解説する「改醸法実践録」と題した著書を1898年に出版する。いわば酒造のマニュアル本だ。

こうした三浦の吟醸酒製法を後押ししたのが精米機製造大手サタケ（東広島市）の創業者、佐竹利市（1863〜1958年）である。1896年に日本初の動力精米機を完成させた佐竹は1908年、金剛砥石を使った酒造専用の「竪型金剛砂精米機」を開発。余分な脂肪やたんぱく質を巧妙に取り除く精米技術を確立し、三浦の吟醸酒製法に大いに貢献した。

「酒都」西条

広島県内には酒蔵の集積地がいくつかある。東広島市西条は地元では「酒都」と呼ばれ、1675年創業の白牡丹酒造をはじめ賀茂鶴酒造、亀齢酒造などが蔵を構える。ほかに宝剣酒造や「雨後の月」の相原酒造がある呉市仁方本町、竹鶴酒造や「龍勢」の藤井酒造などの地元である竹原市も日本酒党の間で知名度が高い。また、「酒造りには向かない」といわれた軟水から銘酒を造り上げた三浦の酒造技術を受け継ぐ「三津杜氏」は全国の蔵元から引く手数多になり、丹波（兵庫）、但馬（兵庫）と並ぶ屈指の杜氏集団を形成した。

先に触れた2015年の「SAKE in 広島」には広島国税局管内5県（鳥取、島根、岡山、広島、山口）の77社が出品した。旨さを競った124種類の市販酒の中で純米酒、吟醸酒、スパークリングの3部門全てに入選した唯一の酒蔵が相原酒造だ。創業は1875年（明治8年）。社長の相原準一郎の曾祖父がこの年、賀茂郡志和町（現・

東広島市）から呉市仁方に移り、酒造りを始めた。仁方は標高839メートルの野呂山の裾野に広がる街。伏流水が豊富で、浅い井戸で良い水が出る。

主力銘柄「雨後の月」は2代目にあたる相原の祖父が徳富蘆花の短編集「自然と人生」にある一編から命名した。造り酒屋の一人娘が両親と死に別れ、婚約者に裏切られて財産も失うという波乱の生涯を描いた作品で、ストーリーの内容よりも、文字が醸し出す「上品、美しい、透明感」のイメージを重ねたらしい。ただ、その名付け親のたどった道も同様に波乱に富んでいた。戦前は事業を広げ「中興の祖」となったが、戦後は財産税や農地解放に翻弄され「世の中に悲観して祖父は病死した」と相原は話す。急遽《きゅうきょ》後継者となった3代目の父も1974年に48歳の若さで亡くなってしまう。

父を失った時、相原はまだ17歳。とりあえず、会社の経営は母が引き継いだ。自身は「跡継ぎに」との期待に応え79年に広島大学工学部発酵工学科を卒業し、80年に相原酒造に入社。当時は借入金が重く「金利を払えば儲けが吹き飛ぶ状況で、懸命に働いても面白くなかった」と相原は振り返る。先行きを見切り、酒造りからの撤退を考えながら、83年に他の酒蔵への製造委託を決めた。ところが皮肉なことに、撤退の準備中に国税庁の全国新酒鑑評会に出品した相原酒造の酒が金賞を受賞、翌84年も連続受賞する。

利益確保のため酒を安く造る→安く造った酒はおいしくない→おいしくない酒は売れない。こうした悪循環を断ち切ろうと品質にこだわった成果がようやく出たのだ。「金賞を取ったのに廃業することはない」と周囲に諭され、撤退は棚上げにした。鑑評会の成果を市販酒に生かす戦略を練り、一方で借入金返済を経営の優先事項にした。

だが、財務改善が急務だからといって「儲けてやろう」と欲を出さないように自戒した。効率重視では美味しい酒ができない。

「お客さんに喜んでもらえる酒を造れば結果は後からついてくる、と考えるようにした」

相原は当時の心境を、こんな風に説明する。

1990年代半ばから「雨後の月」は人気銘柄となり、業績も過去最高を更新。財務改善も進み自己資本比率は90％を超えた。確かに、結果は後からついてきたのだ。

なでしこジャパンに贈られた化粧筆

「媚びない」蔵元たちは欲を出さないから、品質は高水準なのに「広島の酒」は地元でしか知名度がない。ただ、これは酒造業界に限った話ではない。

広島を中心に中国地方は、伝統的に独創性に富む製造業の集積地である。古くからの伝統技術に工夫や新しい発想を加えたモノ造りでは、例えば、1911年に広島県呉市で創業したセーラー万年筆が国内で初めてペン先に金を使用した「金ペン」を開発している。創業者の阪田久五郎は英国留学から帰国した海軍技師の友人から土産の万年筆を贈られて感激し、「これを自分の手でつくりたい」と起業を決意。阪田は岡山出身だったが、洋行帰りの海軍技術者が数多くいて先端情報の収集がしやすい呉を創業の街に選び、「阪田製作所」を設立した。この時、阪田は28歳だった。

阪田は製造技術にはずぶの素人だったため、金属文具工場を経営する兄・斎次郎に協力を求めるが、それでもペン先の素材を見つけるのに苦労した。手元にある外国製の万年筆と同じ構造で作ってみても、インクが均等に紙に出て行かない。試行錯誤の結果、素材に金を採用したペン先が2つに割れる構造にすると、均一の濃さで文字が書けることが分かった。売り出した「金ペン」は大ヒットし、1932年には「セーラー万年筆阪田製作所」に改組。軍港の呉にちなみ、さらに「島国の日本は海を越えて発展しなければ」との思いを込めて「セーラー（水兵）」を社名に冠した。同社は48年に国産初のボールペン、72年に毛筆のような字が書ける「ふでペン」を売り出したほか、自社の自動化ラインから派生した製造用ロボットなど、その後も画期的な製品開発を続けている。

広島のモノ造りDNAを形づくるのに貢献したものに、江戸期の浅野藩による工芸育成政策がある。代表的なのが筆の製造だ。安芸郡熊野町はもともと狭い農村だったが、農閑期に出稼ぎに出た農民が奈良や有馬（兵庫）の筆や墨を仕入れて行商するうちに自分たちで作るようになり、藩もそれを支援したことで産業として根付いた。

明治期に学校制度ができて書筆が大量に使われるようになると生産量は大幅に拡大。いまや書筆、絵筆、化粧筆など筆全体の国内生産量に占める熊野町のシェアは約8割に達し、1本5000円以上の高級化粧筆で世界トップの白鳳堂（熊野町）をはじめ、同町内に十数社の化粧筆メーカーがひしめく。2011年の女子サッカーW杯で優勝した「なでしこジャパン」への国民栄誉賞の記念品に「熊野の化粧筆」が選ばれた。「穂先をカットせず、自然の毛先を生かしている熊野筆の特長を理解してもらい、評価されてうれしい」（熊野筆事業協同組合関係者）と地元は大いに盛り上がった。

もう1つ、浅野藩が奨励して産業に育った製品に針がある。江戸期に全国の1割を生産したといわれる加計（現在の安芸太田町）のたたら製鉄が産出する鉄を使っていた。下級武士の手内職として藩は支援。維新後も生産は衰えず、大正時代の全盛期には針のメーカーは約200社に達したが、原爆投下で壊滅的な打撃を受けたうえ、1980年代以降の円高や安価な中国製品の流入でメーカーの数は激減。2016年1月現在、広島県針工業協同組合の加盟社はわずか7社だ。それでも国内の針生産の95％以上が広島県内で行われ、このうち手縫い針で3割のシェアを持つチューリップ（広島市）は手芸用レース針では世界シェア5割を占める最大手の地位を維持している。

このほか競技用ボール製造大手のモルテン（広島市）はサッカー、バレーボール、バスケットボール、ハンドボールの4競技のボールの国内シェアが7割といわれている。さらにジーンズのデニム生地で5割超の国内シェアを握るカイハラ（広島県福山市）、公園駐車場などに複数のステンレス製ポールを立てる車止めで国内約3割のシェアを持つサンポール（広島市）など「大きなシェアを持つ小さな企業」が広島では目白押しだ。

一大勢力を築いた「ゆめタウン」

流通の世界でも存在感を発揮する企業が多い。ショッピングセンター（SC）「ゆめタウン」などを展開する大手小売りチェーンのイズミはいまや西日本ではイオンに対抗する一大勢力を形成しつつある。1980年代まで広島、岡山、山口の山陽3県を拠点とする地場スーパーだったが、93年に島根や兵庫に進出。さらに95年に開業した大型ＳＣ「ゆめタウン遠賀」（福岡県遠賀町）を皮切りに九州進出を加速した。２００２年に民事再生法を申請したニコニコ堂（熊本市）の再建を支援し、07年には吸収合併。さらに14年にはスーパー大栄（北九州市）、広栄（熊本市）と次々に傘下に収めている。１９９３年２月期に１６２２億円だった売上高は２０１６年２月期には６５００億円に増大し、２０２０年までに１兆円達成を目標にしている。

創業者で現会長の山西義政（１９２２年生まれ）は90歳を超えた現在でも経営の第一線に立ち、出店地域には必ず出向き、新規開店前のチェックを怠らない。広島県大竹市の宮島を臨む港町に生まれた山西は尋常高等小学校に在籍した11～12歳の頃から毎朝４時に起きて新聞配達をし、放課後はシジミやハマグリの行商をして売り歩いた。太平洋戦争が始まると20歳で海軍に入り、最初は航空母艦「飛鷹」に配属され、その後工機学校でエンジンについて学んだ後、海軍が「世界最強」と誇った潜水艦「伊４００」の乗組員に選ばれた。終戦直前、「伊４００」は西太平洋のウルシー環礁への出撃を命じられるが、作戦を共にする僚艦の到着が１日遅れたため、再度の作戦決行前に１９４５年８月15日が訪れ、命拾いをした。

戦後、山西は広島駅前の闇市で、戸板一枚で商売を始める。映画『仁義なき戦い』で主役の菅原文太が原爆の焼け跡を暴れ回る光景をご記憶の読者も多いと思うが、実際、山西も闇市を仕切るヤクザに「金を貸せ」と拳銃を突きつけられたことがあった。動じなかった山西に、そのヤクザは「あんた、ええ度胸してんな」と捨台詞を残して去ったという。当初は売る物がなく、潜水艦での戦友から仕入れた干し柿を売り始めたところ、お金がなくて地下足袋や花嫁衣装などを手に店頭に来る人々が相次いだ。「干し柿と交換すると涙を流して喜んでくれた。これが私の商売の原点」と山西は振り返る。その後、衣料卸を本業に据え、商売は軌道に乗り始める。神戸・三宮や大阪・船場へ夜汽車で通ってメリヤス編みの衣料や靴下などを仕入れ、翌日広島に持ち帰ると、まさしく飛ぶように売れたという。

大きな飛躍になったのは朝鮮特需の頃。山西は広島駅前を流れる猿猴川近くにある銭湯が売りに出ることを耳にし、さっそく現地に駆けつけた。番台に座っている主人にいくらなら売るのかと尋ねると、「おまえのような小僧が買えるのか」と驚いた顔をする。値段は1500万円で今なら2億~3億円の価値だが、それにしても、ジャンパーに草履を履いた若造が買いに来て銭湯の主人も面食らったらしい。61年には同じ銭湯の主人が市内最大の繁華街である八丁堀で経営していた卓球場の建物を借り、スーパー「いづみ1号店」を開店。ここから本格的な小売業の展開を始め、途中大阪進出と撤退といった挫折も経験するが、70年代には山陽３県に10店舗を超える新規出店を果たし、78年に大阪証券取引所２部と広島証券取引所に同時上場する。

電子マネーを最も使う街

上場の1年前、現社長の山西泰明（１９４６年生まれ）が入社する。泰明の旧姓は和田。静岡県熱海市の青果店をアジア、欧米、中南米まで股にかける巨大な小売り・流通チェーン「ヤオハングループ」に飛躍させた和田一夫の末弟である。長男の一夫をはじめ、４人の兄はいずれもヤオハンの経営陣に名を連ねたが、五男の泰明は１９７１年に慶応大学大学院理工学研究科修士課程を修了した後、米スタンフォード大学大学院化学部に留学し、75年に修了。海洋開発に関心を持ち、米国で石油プラントなどの防蝕技術を研究していたが、父・良平の「他の兄弟と一緒に仕事をして母親を助けてくれ」との遺言に従って帰国した。余談だが、良平の妻で5人兄弟の母である和田カツ（１９０６～93年）は橋田壽賀子原作のＮＨＫ朝の連続テレビ小説『おしん』（１９８３年４月

〜84年3月放送、平均視聴率52・6％）のモデルとされている。

泰明がイズミに入社したのは、ヤオハンが弱かった衣料品の商売を学ぶのが目的だったが、山西に見込まれ、78年に次女の道子と結婚、山西家の婿養子となる。92年に山西がリンパ腫を患い、入院して手術を受けたのを機に2代目の社長となる。幸い、山西は重病を克服して現場復帰し、現在に至っている。「生涯現場一筋」という山西の経営哲学はカルビーの松尾孝やアンデルセングループの高木俊介など広島出身の創業者に通じるものがある。

一方、泰明は偉大な岳父を補佐しつつ、ポイントカード「ゆめカード」や電子マネー「ゆめか」を軸にしたキャッシュレス戦略などを推し進めている。日本銀行広島支店が2015年4月にまとめたリポートによると、中国地区は日常的な買い物（交通機関での使用を除く）で電子マネーを利用する割合が全国で最も高いとされている。「広島の電子マネーの火つけ役は『ゆめか』」というのが地元でのもっぱらの評判だ。値引きのポイントを蓄積できることで利用客の人気を集めている。イズミは13年から「ゆめか」とセブン＆アイ・ホールディングスの電子マネー「ｎａｎａｃｏ（ナナコ）」との相互利用を開始した。たたき上げの創業者と学者肌の2代目による〝化学反応〟がイズミの経営に新しい遺伝子をもたらしているように見える。

「100円ショップ」ダイソーも広島発

100円ショップで6割強のシェアを握っているといわれる大創産業(東広島市)。「100円ショップ　ダイソー」はいまや国内2900店、海外1400店(26カ国・地域)を擁し、年商3882億円(2015年3月期)。そんな大創産業を「小さな企業」というのは的外れと思われるかもしれない。しかし、同社はいまだ非上場であり、従業員も400人でしかない。創業者の矢野博丈はメディアのインタビューを受けると「転職9回、夜逃げ1回、火事にもあった」などと自らの失敗の歴史を今でも隠さない(日経トレンディ15年5月号「逆境からの再生譚」)。

1943年に広島県賀茂郡の名家に生まれた矢野は「栗原五郎」という名前だった。5男3女の8人兄弟の末っ子ということで「五郎」と名づけられたが、「親しまれるがバカにされやすい」ということで大学時代(67年に中央大学理工学部土木工学科を卒業)に改名。大学4年の時に学生結婚した妻の姓を名乗ることになり、今の姓名になった。64年の東京五輪のボクシングバンタム級の強化選手に選ばれたものの、強化練習に自分より強いやつがごろごろいて挫折。大学卒業後は広島の妻の実家がやっていた魚の養殖業を手伝うものの、「大失敗」して大きな借金を背負い、夜逃げ同然で出て行った。その後も百科事典のセールスやちり紙交換など職を転々。9回転職してようやく72年に始めたのが日用品・雑貨の販売だった。

当初は妻と2人、トラックで各地を移動しながら、公民館や旅館などの一角でベニヤ板の上に商品を並べて売っていた。そんな「旅芸人のような生活」を送っていたが、しばらくして2人目の子供が生まれて共働きの夫婦は一段と手が足らなくなる。そして、値段を書いたラベルをいちいち張り替える時間が惜しくなったことから「100円均一」が始まったという。「今思えば、原価を考えず、欲を出さなかったことが良かった」と矢野は振り返っている。

77年に大創産業を設立してからも、倉庫が火事になって一夜にして商品が灰になってしまうなど、不運はつきまとった。ただ、矢野はへこたれない。運も悪く、能力も人並みなのだから「欲張ってはいけない」、金持ちになろう偉くなろうなどと考えてはいけない、ただ食えればいいのだ、と達観した。運や才能に恵まれていないから必死に働く。自分には「恵まれない幸せ」があると考えるようになったという。

この「100円ショップ　ダイソー」が典型なのだが、広島でいわゆるニッチ（すき間）市場のガリバー企業が目立つのは〝鶏口となるも牛後となるなかれ〟を地で行く経営者が多いからだろう。若い頃から矢野は「自尊心が人一倍強かった」（中学校から大学時代までを知る幼馴染み）といい、大学4年になって同級生が企業訪問に励む中、1人だけ就職活動をしなかった。矢野が体現している独立独歩の気風こそ、広島人のアイデンティティーなのだ。

芸能人たちにも濃厚な「広島気質」

「広島人」についての考察の最後に、音楽・芸能・スポーツ界などの人々に触れたい。

第2章で吉田拓郎のことを論じたが、その拓郎が通った広島県立広島皆実高校の後輩に奥田民生がいる。ロックバンド「ユニコーン」のボーカリストとして1987年、22歳でデビュー。バンド解散後ソロとなり、「イージュー★ライダー」や「さすらい」などのヒットを飛ばす一方、井上陽水とのコラボレーション、プロデューサーとしてPUFFY（パフィー）や木村カエラらの楽曲制作などでも知られる。ロックへの傾倒は皆実高2年の学園祭の時に結成したバンド「大角《おおつの》のダンナ」が始まりで、バンド名は『アルプスの少女ハイジ』に出てくる山羊の親分の名前から取ったとか（『日経マガジン』2009年5月17日号）。ユニコーンのメンバー5人のうち4人が「広島人」であり、2009年に16年ぶりに活動を再開した時には高校の制服姿でステージに立った。拓郎も広島商科大学在学中のアマチュア時代に結成した「広島フォーク村」が音楽活動の原点だったように、奥田にもスター街道を上り詰める出発点に若き日の仲間たちがいた。

ただ、「群れない、媚びない、靡かない」の習性は共通していて、「広島フォーク村」も「ユニコーン」も長くは続かず、拓郎も奥田もバンドから独り立ちしてソロのミュージシャンとして活躍している。仲間との訣別後にビッグになったという意味では、「キャロル」のベーシストだった矢沢永吉（広島市出身）や「ツイスト」のボーカリストの世良公則（福山市出身）、「愛奴」のドラマーを務めていた浜田省吾（竹原市出身）らも同様だ。吉川晃司（安芸郡府中町出身）はバンド出身とは言い難いものの、時には元BOØWY（ボウイ）の布袋寅泰とユニットを組んだり、付かず離れずで孤高を保っている。吉川のそんな姿勢は大先輩の西城秀樹（広島市出身）にも通じる。高校1年の時、広島のジャズ喫茶で歌っているところをスカウトされ、東京へ出ることを決意するが、厳格な父は反対し、家出の準備をしていると「二度と家から出さん！」と言い、秀樹を押し入れに放り込んだという（２０１６年3月9日付東京新聞）。まさに、後に秀樹が出演して大人気を博した往年のドラマ「寺内貫太郎一家」さながらの家族だったようだ。

１９９９年にメジャーデビューしたポルノグラフィティは当初、村上水軍の本拠地の1つに数えられる因島（現・尾道市）出身の３人組のロックバンドだった。ボーカルの岡野昭仁とギターの新藤晴一は広島県立因島高校の同級生であり、ベースの白玉雅己は晴一と小・中学校の同窓だったが、２００４年に白玉は「自身の（音楽の）追求」を理由にバンドを脱退した。

ポルノのメンバーも郷土愛が強い。05年11月22日、2カ月後に尾道市への編入合併を控えた旧因島市で、昭仁と晴一は「因島を忘れないで」という気持ちを込め、地元の小中高校生を無料招待する〝里帰りコンサート〟を開いた。「帰ってきました、わしらがポルノグラフィティじゃ！」と広島弁で呼びかけると、集まった約９００人の子供たちの間から大きな歓声が上がったと翌日の新聞が伝えている。

ステージでの広島弁といえば、ポルノグラフィティと同じ大手芸能プロダクションのアミューズに所属するＰｅｒｆｕｍｅ（パフューム）が有名だ。タレント養成所「アクターズスクール広島」の1期生だった大本彩乃（のっち、福山市出身）、樫野有香（かしゅか、広島市育ち)、西脇綾香(あ~ちゃん、広島市出身)の3人組アイドルユニット。小学生時代からの仲間で、2003年に上京してから07年に「ポリリズム」でブレイクするまで下積みが長かった。プロデューサーの中田ヤスタカが生み出すテクノポップは海外にもファンを広げているが、「大和魂見せてやるけん!」といった丸出しの広島弁が国内での人気の幅を広げている。

そういえば、「自身の出身地を隠さない」という広島人の性質は福岡の博多者(はかたもん)に通じるものがある。筆者もそうだが、地理的に近く精神風土に共通項の多い九州人にとって広島は実に居心地がいい。他にも九州生まれで広島に根を張って成功した著名人がいる。そのひとりが中国放送(RCC)アナウンサーの横山雄二(1967年生まれ)。宮崎市出身で日向学院高から第一経済大学(現・日本経済大学、福岡県太宰府市)に進み、1989年にRCC入社。自身が企画・立案して97年にスタートしたTVバラエティ「KEN-JIN」が深夜枠にもかかわらず平均視聴率6%台の人気番組になり、その後歌手デビューしたり、ドキュメンタリー番組や映画の主演・脚本・監督なども手がけ、広島では知らぬ者のいないマルチタレントになった。2015年には優れた放送に贈られるギャラクシー賞(放送批評懇談会主催)のラジオ部門DJパーソナリティ賞を受賞している。

横山の番組から輩出したタレントには、猿岩石やアンガールズなど地元出身のお笑い系が目立つ。ともに安芸郡熊野町出身の有吉弘行と森脇和成が結成した猿岩石は1996年に日本テレビ「進め！電波少年」が企画したロンドンまでのヒッチハイクの旅で全国的な知名度を得たが、その後人気は低迷し、2004年にコンビ解消に至る。横山は猿岩石の解散後も有吉を叱咤激励し「そんなんじゃ売れない」などとツッ込みを入れながら起用し続けた。有吉は、猿岩石解散後しばらくは「仕事もないし金もないから、ほとんど外に出ないで家に1人で閉じこもってる引きこもりみたいな生活をしてた」（有吉弘行『お前なんかもう死んでいる』双葉文庫）と当時を振り返っているが、例外的に「KEN-JIN」には出演を続けていた。

その有吉は2007年頃から毒舌で笑いを取るようになり、バラエティ番組で人気が徐々に回復。11年には499本の番組に出演して「テレビ番組出演本数ランキング」で1位となり、その後は自身の冠番組を民放キー局でいくつも持つ指折りの売れっ子タレントになった。ただ、有吉本人は「正直言うと『1位』にはなりたくなかった」と前出の著書に書いている。トップの座を明け渡した時に「あのときは1位だったのに」と言われるのが面倒だからというのが理由。「上昇志向とか一切捨てたほうがいい」「頑張ろうとか一切無駄です」などという有吉語録からは広島人特有の精神が透けて見える。

ところで、広島の女性は男性以上にマイペースである。代表格は女優の綾瀬はるか（広島市出身）。NHK大河ドラマ「八重の桜」で主役を演じた2013年に紅白歌合戦の紅組司会者に抜擢されたものの、曲紹介をトチったり、涙ぐんで言葉を詰まらせたり、個人的には女優の時と異なる素顔が観られて微笑ましかったのだが、世間の評価はいまひとつだった。15年、綾瀬は再び紅組司会者として紅白歌合戦に登場。多くの視聴者は「また何かやらかすのでは」と、ハラハラして観ていたと思うが、そんな心配は杞憂に終わった。大河の主役を務めた女優なのに、実家が農家で「農業大好き」を公言しているのも広島人らしい。

スポーツ界では、やはりプロ野球選手が目にとまる。地元出身でなくとも、カープの選手には長年在籍しているうちに「広島人」気質が垣間見えるようになる。日本球界で連続試合出場記録を誇る2人の「鉄人」、衣笠祥雄（京都市出身）と金本知憲（広島市出身）がいずれもカープ輩出のスラッガーであるのは偶然とは思えない。ケガに泣かされながら2000本安打を達成した前田智徳（熊本県玉名市出身）らと同じように、彼らには孤高の雰囲気が漂う。山本浩二（広島市出身）や野村謙二郎（大分県佐伯市出身）といった優等生タイプからは決して感じ取れないムードがある。福岡ソフトバンクホークスの主砲、柳田悠岐（広島市出身）にも「我が道を行く」心意気を感じることがある。

選手ではないが、サッカーJ1サンフレッチェ広島の会長、久保允誉《まさたか》の言動に注目が集まっている。広島ではサンフレッチェの経営不振が深刻化した2011年頃から、従来の本拠地であるエディオンスタジアム広島（広島市安佐南区）に代わる新しいサッカー場建設が懸案になっており、久保をはじめサンフレッチェ経営陣や地元サッカー界は旧広島市民球場跡地（同中区）への移転を悲願としてきたのだが、広島県や市、財界は臨海部の広島みなと公園（同南区）を推して対立。県と市、商工会議所の三者がみなと公園プランを正式決定しようとした矢先の16年3月3日、久保は広島市内で記者会見を開き、みなと公園に新サッカー場が完成しても「本拠地として使わない」と宣言し、市民球場跡地での独自の建設プランを公表。広島の政財界は大騒ぎになった。

09年にカープがマツダスタジアム（同南区）に本拠地を移した後、市民球場は取り壊され、更地になって久しい。ビールフェスタや菓子博覧会といったイベントに使われているが、有効利用されているとは言い難い。県や市は市民球場跡地に建設する場合は高さ制限に引っかかるため、敷地を掘り下げる必要があり、その分費用がかさむと指摘しているのだが、それに対して久保は、設計を依頼した大手ゼネコンから「敷地を掘り下げなくても建設は可能」との回答を得たと反論。当事者同士の「トップ会談」が開かれない中で事態は混迷の度合いを深めていった。

久保は家電量販店大手エディオンの会長兼社長の立場にある。エディオンの前身は久保の父・道正が戦後の闇市の狭間で創業した第一産業（後のダイイチ、デオデオ）であり、久保は終戦から5年後、原爆ドームから目と鼻の先の場所で生まれ育った生粋の「広島人」だ。広島の財界が「リーダー不在」であることは第2章で述べたが、この新サッカー場問題はその弊害を顕著に見せつけている。久保は「群れない、媚びない、靡かない」人種の典型であり、財界での孤立も厭わず、市民球場跡地への移転という悲願達成まで、サンフレッチェ会長の職を辞することはないと断言している。

もう1人、スポーツ界で注目度が高まっている広島人に、青山学院大学陸上競技部監督の原晋《すすむ》（三原市出身）がいる。1984年、広島県立世羅高校3年の時に全国高校駅伝で2位に入り、中京大学に進学。卒業後は中国電力に入社し、陸上部第1期生として競技を続けたが、足首の故障などで、選手生活5年で引退。その後、10年間は営業マンとして社業に従事。まず、山口県の徳山営業所で氷蓄熱空調機器を売りまくった。同僚だった中電社員によると、「他人と違う発想で様々なアイデアを生み出して実行する有能な営業マンだった」という。

２００４年に青学大監督に就任。営業マン時代に駆使した「目標管理シート」を選手指導に取り入れ、「3～4年で箱根出場、7～8年でシード権、10年で優勝争い」を目指した。結果は、09年に33年ぶりの箱根駅伝出場、10年に41年ぶりのシード権獲得、そして15、16年の箱根駅伝連覇という快挙を成し遂げた。「原マジック」と呼ばれる指導法は厳しい練習を強いるのではなく、個々の選手が自らの目標を設定し、その成就をサポートする細やかな配慮が特徴だ。15年12月には、原の母校である世羅高が全国高校駅伝で史上2度目の男女同時優勝を果たした。「心の強い選手になれ」が世羅高陸上部の指導の基本という。「群れない、媚びない、靡かない」は、「心の強さ」に裏打ちされたブレない姿勢がもたらすもので、日本人はかくあるべし、と実感する。「広島人」から学ぶべき美徳は数多くある。

あとがき

ランの花が自生することから「蘭島《らんとう》」とも呼ばれる瀬戸内海の下蒲刈島は江戸時代には朝鮮通信使の寄港地として知られ、その歓待ぶりは案内役を務めた対馬藩主が発した「安芸蒲刈御馳走一番」という言葉で伝わっている。この島が2015年度のサントリー地域文化賞を受賞し、全国の注目を集めている。

住民皆が参画する歴史と文化の薫り高い島づくり——。受賞理由となった地域振興策に手をつけたのは下蒲刈町（2003年に呉市に合併）の「最後の町長」故竹内弘之である。1991年に全島庭園化構想を提唱し、目抜き通りに石畳を敷き、山口や富山にあった築100~200年の旧家を移築して歴史資料館などに利用、2000本以上の松の木を移植した「新蒲刈八景八境」などを整備した。それらの施設の1つ、蘭島閣美術館で2001年から始まったギャラリーコンサートは、竹内が高校（広島県立呉宮原高校）の後輩でNHK交響楽団副理事長やサントリーホール総支配人などを務めた原武にプロデュースを依頼。その人脈でチェリストの堤剛やピアニストの小山実稚恵、仲道郁代など日本を代表する演奏家が次々に出演するようになった。

「スケールの大きな人物で財政感覚も独特だった」と呉市下蒲刈市民センターの副センター長、臼井教司さんは話す。臼井さんは竹内の縁戚で町役場時代には秘書も務めた。竹内が呉に本社を置いていたゼネコン、増岡組の営業マンから金融業に転じ、さらに町長選に初出馬した1976年当時のことをよく覚えている。島の一角に大邸宅を購入。お披露目の会には東映の任侠《にんきょう》映画のスターがモーターボートに乗って対岸の呉からやって来て、町民の度肝を抜いたという。

国会議員や霞が関の官僚と独自のパイプを持ち、開発資金を引っ張ってきた。例えば、全長約1・2キロの道路を石畳にする整備費は当時1メートルあたり約100万円。財政担当者は目を丸くしたが、松の植樹では役場職員や議員を総動員してボランティア作業をさせるなど、竹内はアイデアマンでもあった。

2000年に安芸灘大橋が完成し本土と陸続きになると若い世代の流出に拍車がかかり、島の人口はその後の15年間で約3割減少。地価調査で全国の下落率上位の常連となり、庭園化構想を「ハコモノ行政」と批判する向きもあった。ただ、風向きは時代の空気で変わる。過疎化が進み、街はさびれた印象を隠せないが、美しい風景と住民の温かい歓迎が島を訪れる人々を魅了する。呉市に吸収合併されるまで7期27年間続いた竹内町政の評価は、まだ定まらない。

「支局長在任中に『広島』について書いてみる気はありませんか」と新潮新書編集部の横手大輔さんから提案されたのが、東京から転勤して1カ月半ほど経った2015年5月のこと。未知なる広島の面白さに心を揺さぶられていた時期であり快諾した。それから1年弱。専門分野である経済、産業から、政治、社会、文化、歴史等々、ありとあらゆる現象をのぞいてやろうと県内を駆けずり回ったが、興味のタネは尽きず、愛すべき広島をどの程度アウトプットできたか、自信はない。ただ、下蒲刈島のエピソードのように、人口が減り、地価の下落に歯止めが掛からなくても、瀬戸内海と中国山地に挟まれたこの地域には人々を惹きつける何かがある。そんな広島の息づかいが少しでも読者の方々に伝われば本望である。

本書の執筆にあたっては本文中で紹介した以外にも数え切れないほど多くの方に取材に応じていただき、様々な「広島論」をうかがった。事実誤認などがあれば全て筆者の責任であることは言うまでもない。また、拙い支局長を支え、豊富な知識やヒントを与えてくれた日本経済新聞社広島支局の篤田聡志、三田敬大、後藤健、佐藤亜美の各記者とアシスタントの茂村純子さん、兼定千尋さんに深く感謝したい。

２０１６年５月

安西巧

安西 巧　1959（昭和34）年福岡県生まれ。日本経済新聞社広島支局長。早稲田大学政治経済学部を卒業後、日経新聞に入社し、主に企業取材の第一線で活躍。著書に『経団連――落日の財界総本山』など。

Ⓢ新潮新書

672

広島《ひろしま》はすごい

著　者　安西巧《あんざいたくみ》

2016年6月20日　発行
2016年7月15日　4刷

発行者　佐藤隆信

発行所　株式会社新潮社

〒162-8711　東京都新宿区矢来町71番地
編集部(03)3266-5430　読者係(03)3266-5111
http://www.shinchosha.co.jp

印刷所　錦明印刷株式会社

製本所　錦明印刷株式会社

ISBN978-4-10-610672-9　C0225